Alejandra Vallejo-Nágera

Tribulaciones de una madre sufridora

Alejandra Vallejo-Nágera

Tribulaciones de una madre sufridora

temas'de hoy.

Primera edición: abril de 1999

Segunda edición: mayo de 1999

Tercera edición: mayo de 1999

Cuarta edición: junio de 1999

Quinta edición: julio de 1999

Sexta edición: agosto de 1999

Séptima edición: septiembre de 1999

Paseo de Recoletos, 4. 28001 Madrid
Diseño de cubierta: Rudesindo de la Fuente
Ilustración de portada: Toño Benavides
Fotografía de contraportada: Gonzalo Cruz
ISBN: 84-7880-996-1
Depósito legal: M-35.196-1999
Compuesto en J. A. Diseño Editorial, S. L.
Impreso en Lavel, S. L.
Printed in Spain–Impreso en España

Índice

Introducción 13

Escenas familiares 19

Las reglas del juego 21
Enemigos del despertador 26
Peleas 31
El teléfono 36
Tortura acústica 42
La salida de Nela 47

Un horror llamado «colegio» 53

La enfermedad de cada lunes 55
Ciencias Naturales 59
Planes de futuro 63
Vacaciones en la nieve 68
Época de exámenes 73

Los compinches y demás colegas 81

Planes ocultos 83

Amigas y rivales 87
Los preparativos del viernes 92
Evasivas 97
Discotecas 102
Javi y su amiga la vecina 108
Angustiosa situación 112

La tiranía del cuerpo 121
El espejo 123
El ladrón de mi armario 127
Desatino alimenticio 132

Asuntos íntimos 137
Javi y las chicas de su clase 139
Glándulas 143
El aroma de la pubertad 147

Malas costumbres 151
Cómo educar y fracasar en el intento 153
Las dos caras 159
Mentiras 164
Críticas y reproches 172
Nicotina 178

El móvil, el hámster y otras exigencias 187
El significado de la palabra «no» 189
Nela busca trabajo 193
Aspirante a kamikaze 197
De compras 202

Navidad, dulce Navidad 209
Espíritu navideño 211
Javi y su mensaje navideño 215
Fin de la Navidad. ¡Uf! 219

Epílogo 223

A mi madre.

Introducción

Desde el instante en que decidimos traer hijos al mundo, decidimos también renunciar a las serenas veladas con música suave y culta, a los fines de semana placenteros en los que uno puede holgazanear a sus anchas, a las conversaciones tranquilas y civilizadas, a las cenas románticas y los momentos íntimos en compañía del ser amado. Con su llegada, los niños ponen todo patas arriba; vapulean nuestra paciencia, nos quebrantan la economía, alteran nuestro sueño y el de los vecinos, nos hipotecan la mente y mantienen los corazones de toda la familia en un puño; pero, al mismo tiempo, opino que nada en este mundo otorga mayor dimensión y sentido a la vida que ellos.

¿Por qué? Ciertos expertos afirman que, a través de los hijos, nos prolongamos en el tiempo e inmortalizamos nuestro nombre. Puede que algunas personas deseen tener niños para así contemplar cómo unas reproducciones de sí mismos se desarrollan y propagan a lo largo de los años; pero no fue precisamente la prolongación de mi persona lo que me indujo a traer al mundo a dos seres apasionantes y apasionados, productores de incesante ruido, devoradores de tiempo, generadores de ropa sucia y consumidores de toda mi energía. Y tampoco veía clara esa prolongación cuando estos seres menudos, mis hijos, se hacían pipí detrás de la cortina más señorial de la casa porque en ese momento jugaban a ser mastines y dálmatas; o decidían aprovechar la estancia en un restaurante de lujo para introducir el pan en el vaso de agua que acababa de traer un amable camarero; o se perseguían por los pasillos machacándose a insultos, alterando mis nervios y obligándome a gritar:

—¡BASTA!

—Ella me ha pisado en la espalda con todas sus fuerzas mientras yo estaba tumbado en la alfombra.

—¡Nela! ¿Es cierto eso?

—Bueno, a lo mejor... pero tenía mis razones.

—¿Razones? ¿Qué razones puedes tener para hacer una cosa tan horrible?

—Javi ocupa toda la alfombra y no me deja sitio. Odio cómo coloca el culo; lo pone en pompa, así, para fastidiar.

—Sólo los animales salvajes se lían a pisotones cuando se enfadan. Los humanos, que no somos ni salvajes ni animales, tenemos que arreglar nuestros problemas hablando. ¿Entiendes?

—No.

—¿Cómo que no? ¿Qué es lo que no entiendes?

—Por qué tengo que hablar con un estúpido al que odio.

¿Qué puede hacer una madre ante tamaña elocuencia? ¿Cómo no van a fallar las conferencias en pro de la paz mundial si en los hogares de todos los delegados siempre hay una Nela haciendo preguntas vitales que nadie sabe responder?

El día en que mi marido y yo decidimos tener hijos, ninguno de los dos sospechaba que educar bien fuese tan difícil, entre otras cosas porque no existen reglas de oro en las que poder apoyarse, salvo una sola: *Amar a los niños más allá de lo imposible.*

La referencia del comportamiento de mis propios padres no me indicó a tiempo que la crianza tuviese a veces un sabor tan amargo. De niña tenía la sensación de que mis progenitores manejaban la batuta la mar de contentos; yo siempre les veía ufanos, orgullosos de poder gobernar, encantados de someter mi incesante deseo de libertinaje. Me parecía una chulada eso de poder mandar tanto; jamás se me pasó por la cabeza que sufriesen por mi culpa o que lo pasaran mal a mi costa. La imagen que tenía de ellos empezó a cambiar cuando ya era madre; concretamente el día en que, siendo bebé, Nela sufrió sus primeros cuarenta grados de fiebre. Pegada a su cuna en medio de la noche, con el alma rota de angustia, comprendí por primera vez en mi vida cuánto fui amada, yo también, siendo niña.

No obstante, entre los progenitores de antaño y los de ahora hay una diferencia abismal: el trato que autorizaban nuestros padres no guarda relación alguna con el que nos dispensan hoy nuestros hijos. A nosotros jamás se nos permitía contestar mal; no se nos pasaba por la cabeza mostrar chulería alguna porque, inmediatamente, nos arrcaban una bofetada. Los tortazos constituían un método rápido, del que nuestros mayores se servían para someter a hijos contumaces e insurrectos. Sin embargo, los expertos de hoy aseguran que es más efectivo hacerse obedecer mediante el razonamiento, el ejemplo, la coherencia y las buenas maneras. En definitiva, hay que explicar con palabras por qué son intolerables determinadas formas de conducta. Al parecer, una frase del tipo «vete a tu cuarto y no salgas hasta que sepas comportarte como un ser humano» es más eficaz, a la larga, que el más sonoro de los bofetones. Lo que ocurre es que, normalmente, estas lecciones orales deben repetirse una y otra vez, porque ya se sabe que la letra sin sangre entra a cámara lenta. Por este motivo, conviene añadir un atributo esencial al sistema educativo actual: la Santa Paciencia.

La Santa Paciencia es un cimiento imprescindible que debemos construir mientras nuestros niños son pequeños, porque al cabo de once años, aproximadamente, esos mismos niños se convertirán en adolescentes.

Ese día terrible, nuestra Santa Paciencia debe estar edificada a prueba de bombas. Tendrá que soportar un ciclón de insumisión, léxico atroz, crisis de identidad, regímenes alimentarios peligrosísimos, amenazas, hipersensibilidad extrema, argumentaciones incoherentes, fluctuaciones de carácter, incursiones en lo prohibido, amigos perniciosos, vestimentas carnavalescas, irresponsabilidad, mentiras en cadena, facturas astronómicas de teléfono... Mejor no sigo.

Ésta es precisamente la situación en la que ahora me encuentro. Desde que Nela y Javi han puesto un pie en la adolescencia, no hago otra cosa más que vivir en permanente estado de apuro. Mi casa es un circo plagado de música atronadora y tensiones incesantes. Nela y Javi se abanican con nuevos aires de libertad, desean hacer lo que les viene en gana y jamás ordenan sus dormitorios. Además, tienen un problema: su madre, yo, una pelmaza que no les deja en paz; que agarra las riendas de su familia a pesar de que los caballos se desbocan continuamente; una sufridora.

Las páginas que vienen a continuación relatan las confesiones de esta madre desesperada que ama a sus niños por encima de los límites posibles e intenta resistir la edad del pavo, en la que ahora están sumergidos, de una forma civilizada y constructiva. Una madre que no pierde el sentido del humor, a pesar de que sus hijos le dan incesantes motivos para hacerlo. Está convencida de que la adolescencia es un chaparrón pasajero que se recuerda con nostalgia una vez ha terminado... siempre y cuando se haya sabido llevar, firmemente sujeto desde el principio, un paraguas de paciencia, ejemplo y coherencia.

Por fortuna, esta madre tiene un marido que la quiere, la apoya y soporta junto a ella el peso de una crianza difícil. Un padre que también ofrece a sus hijos tiempo, energía, amor y toda su Santa Paciencia, pero que no tiene la culpa de que a su mujer le haya dado por escribir y prefiere quedar al margen en el testimonio que ella les ofrece a continuación.

Escenas familiares

Las reglas del juego

Estoy en el supermercado. Empujo el carro de la compra y tropiezo con una madre en apuros. Sus dos criaturas insisten en hacer cada veinte segundos todo lo que no deben. Congestionada, la progenitora se planta en seco y altera la paz del lugar. Zarandea, regaña y amenaza a sus hijos con una retahíla de privaciones y torturas inimaginables. Entonces, ellos se ponen de acuerdo para ejecutar una fechoría verdaderamente desalmada y, de paso, demuestran quién manda. Al final la madre, temblando de furia, exhausta, introduce en su carro una nutrida representación de comida basura.

—¡Qué desastre! Esa mujer no tiene ni idea de cómo se educa a un niño —me permito criticar.

Sin embargo, inmediatamente pienso que el escenario de mi familia es bastante parecido. Resulta que mi Javi y mi Nela también desconocen la existencia de la palabra «moderación»; se encaprichan con lo más inapropiado; se muestran altaneros y contumaces cuando les viene en gana y, además, derrochan apatía sin límites hacia todo lo que es obligatorio. Pero ellos no tienen la culpa. Soy *yo* la que les echo a perder porque, al parecer, no sé propinarles una buena orientación. Ignoro cómo hacerles comprender las reglas del juego.

Durante mi infancia, en cambio, la situación era distinta: a los niños se nos dejaba claro a qué debíamos atenernos. Nuestros educadores no hallaban problema alguno a la hora de dibujar líneas definidas y concretas.

—Nena, ¿qué tienes en la cara? —preguntaba cualquier adulto al verte pasar.

—Nada... es que mi madre me ha dado un tortazo.

—¡Algo habrás hecho!

Hoy, el ataque físico a un menor, la manta de sopapos, el azote, son considerados métodos desdeñables. Ponen de relieve la debilidad de los padres, su falta de recursos, su incapacidad a la hora de controlar una situación adversa. Confusa con este asunto, recurro a la abuela:

—Tú me dabas con la zapatilla —comento reprobadora.

—Era una zapatilla de felpa.

—Ya, pero la mojabas para que hiciese más daño.

—Sí, y mírate ahora —responde encandilada—. ¡Da gloria verte!

Por lo visto, ella demostraba a zapatillazo limpio cuánto le importaba todo lo que yo hiciera o dijese incorrectamente. Su pantufla de felpa marcaba el terreno, establecía las reglas del juego, evitaba mi extravío, constituía una prueba de amor, aunque en versión más bien brusca, todo hay que decirlo.

—Sin embargo, yo te odiaba cuando me dabas —continúo reprochando.

—¡Pamplinas! Siempre supiste que te quería de verdad; mantuve un constante apoyo emocional... y además, casi no te hacía daño.

—Las heridas peores son las del orgullo, no las del trasero —respondo altanera.

—Más dolor ocasiona un padre blando, inconstante, que no sirve de guía. Me refiero a ese tipo que enseguida se rinde porque educar bien resulta muy cansado. Por ejemplo, imagina que tu hijo está en medio de un cuarto extraño y oscuro. Siente el impulso de moverse, de explorar el terreno. Sabe que hay paredes, límites sólidos; y le gusta que esa solidez exista. Cuando a ciegas se topa con alguno de los muros, se golpea y le duele el orgullo. Pero es el único peligro que corre. En cambio, sin límites, sin paredes, podría caer al vacío y destrozarse irremediablemente.

Alentada por tan descriptiva alegoría, entro en mi casa. Javi engulle televisión. Está absorto, hipnotizado con un programa basura.

El conejo campa alegremente por el salón.

—Javi, por favor, mete al conejo en su jaula —pido en un tono que me parece tranquilo y amable.

—No puedo —asegura apático.

—¿Cómo que no puedes?

—Me duele un brazo.

—Javi, ¡obedece ahora mismo! —me impongo siguiendo la doctrina recién aprendida.

—¿Por qué siempre me gritas a mí? ¿Por qué?

—No grito. Venga, levántate ya de una vez.

—Sí que gritas. Yo estoy aquí sin hacer nada malo, y tú te pones histérica. Me odias —brama altanero.

Pero tras su máscara de mártir, vislumbro a un Javi que no tiene la más mínima intención de colaborar. Desesperada, me dirijo hacia el sofá en el que el niño está repanchingado. Le agarro de una manga.

—¡Ay! ¡Ay! —aúlla—. ¡Mi brazo! ¡Me has roto el brazo!

—¡Arriba! —ordeno, fría, implacable.

—¡Nadie tiene una madre tan antipática y tan bestia como tú!

—¿Qué has dicho? ¿Qué me has llamado? ¡A tu cuarto ahora mismo!

Detesta que le exilien y lo deja muy claro con un sonoro portazo. Al cabo de breves instantes, las paredes de la casa retumban bajo los decibelios infernales de Reincidentes, un grupo de rock tan desgarrado como sus guitarras que emerge, apoteósico, del dormitorio de Javi.

Me congestiono, transpiro, me preparo para explicar mejor las reglas del juego, vuelo en busca de algo que marque los límites.

En el trayecto tropiezo con el conejo. Sigue campando alegremente por todo el salón.

Enemigos del despertador

Nela y Javi vienen manifestando una obstinada enemistad hacia el despertador desde que empezaron a ir al colegio. Tal es el odio, que ni siquiera registran la insistencia del incómodo pitido matutino; se limitan a ignorarlo, como si no existiese. Y es que mis hijos, lo que de verdad necesitan para levantarse es una grúa; pero como no es factible instalar una en mi escueto piso, me veo obligada a suplir su trabajo en persona.

—Hmmm, déjame un rato más —murmura Javi con la lengua pastosa y los párpados firmemente cerrados. Luego se incrusta en una esquina de la cama y se tapa hasta la coronilla con las sábanas.

He probado de todo con Javi: zumo de naranja, cosquillas, corrimiento de sábanas, estrepitosa o suave apertura de persianas, enfado, gritos, zarandeo. Nada. Incluso he llegado a soplarle en una oreja, fíjense qué atrocidad, pero tampoco funciona. Cuanto más insisto, más se aferra el niño al colchón mientras balbucea palabras que me rompen el corazón:

—Sólo cinco minutos más, por favor.

Hasta hace poco, yo aprovechaba esta ocasión de oro frente a un Javi inerte y sin defensas. Me tiraba en plancha sobre su cama y le arreaba montones de besos y profusión de mordiscos en el moflete visible. Era un sistema que no solía fallar. Javi se escabullía bajo la almohada, lanzaba puñetazos y patadas al aire, se ponía más tenso que un espadín y gritaba como si le estuviesen arrancando la piel a tiras. Pero se despertaba. Es una verdadera pena que le hayan colocado ese aparato infernal en los dientes. Ahora mis besos son causa de heridas en el interior de la boca, y tampoco es cuestión de llagar al niño, digo yo. Así que, sabiéndose a salvo, se arrebuja entre las sábanas y se limita a mendigar unos minutos más de sueño.

Las artimañas de Nela, en cambio, son más ladinas.

—Ya voy —miente una y otra y otra y otra vez. Pero yo no me rindo; persevero tanto como ella miente. Entonces cambia de táctica.

—No puedo moverme —farfulla débilmente—. Me encuentro fatal. Creo que estoy a punto de vomitar.

Con un esfuerzo supino abre cansinamente un párpado mientras asoma una pierna entre las sábanas, pero, inmediatamente, las fuerzas se le escapan y la pierna se queda colgando en el borde de la cama como un jamón de bellota. El párpado vuelve a cerrarse y la voz de Nela suena débil y mortecina.

—Tengo el estómago revuelto. Voy a vomitar. Necesito dormir un poco más.

Con ella también he probado todas las estratagemas previamente empleadas con Javi. Sin embargo, Nela es más dura de pelar; ni siquiera el ataque de besos funciona.

—Ahora no, de verdad, estoy fatal —susurra como si estuviese en el lecho de muerte.

La niña no reacciona, y yo siento que estoy achuchando un saco de trapos, lo cual me fastidia un poco. Entonces me remango, voy al baño, empapo un pañuelo con agua helada y se lo coloco en la parte visible de su cara.

—Esto corta de cuajo el malestar, hija —digo convencida cual enfermera diplomada. Empleo este método tan brusco sólo en casos de extrema necesidad, ya que con él mi Nela pasa del estado comatoso al ataque encarnizado en cuestión de segundos.

—¡ESTOY MALA! —miente chillando a pleno pulmón—. ¿Acaso no te das cuenta? ¡NO PUEDO MOVERME! —se pone tan rabiosa que, sólo para fastidiarme, es capaz de aguantar la respiración y ahogarse a propósito.

Algunas veces, sin embargo, tenemos suerte y Nela se levanta. Pálida y taciturna recorre el dormitorio dando bandazos; pero entonces llega la segunda parte del calvario.

—¿Dónde están mis zapatos? ¡No tengo ninguna camisa! Mamá, ¿dónde has escondido mis cosas? —grita histérica echando abajo el contenido del armario, mientras el reloj marca preciosos minutos que vuelan.

Nunca encuentra su ropa. Han transcurrido catorce años de agria experiencia en este sentido, pero Nela jamás prepara el uniforme, los libros, los calcetines o los zapatos la noche anterior. Ni una sola vez en toda su vida.

—¿Quién me ha quitado el cuaderno de lengua? —escarba desesperada entre la multitud de papeles, maquillaje y porquerías varias que asolan su mesa—. Te empeñas en ordenar y siempre tiras lo más importante, ¡Dios mío!

Pretende hacerme ver que llega tarde por mi culpa. Ya no le queda tiempo para peinarse o desayunar.

La ropa, libros y yo conspiramos contra ella y su puntualidad.

No sé qué va a ser de nosotras. Pido consejo a mis Asesores y me recomiendan que la deje en paz.

—¿Acaso no tiene orejas? ¿Acaso no oye perfectamente el despertador? Entonces no hagas lo que ella puede hacer por sí misma o impedirás que aprenda a ser responsable —me aconsejan una y otra vez.

Hoy les he hecho caso. He abandonado la casa para ir a trabajar, dejando a Nela sola mientras aprende a ser responsable. Regreso a las tres y media: sigue durmiendo. Las clases de matemáticas, lengua, física, inglés y dos recreos echados a perder. Barrunto lo que ocurrirá. Dentro de un rato se levantará lozana, dinámica y llena de energía para hablar por teléfono. Por supuesto, carecerá de sueño a la hora de acostarse; tendrá insomnio hasta las cuatro de la madrugada; su reloj interno alterado para siempre. Responsabilidad. Tengo unas ganas enormes de decir cuatro cosas a mis Asesores. ¡Uf!

Peleas

Mis hijos ignoran el significado de la palabra «comedimiento». Ahora que ambos están en la adolescencia, percibo que no sólo hacen lo posible por torturar la relación con su propia madre, sino que también insisten en batallar ferozmente entre sí. Las peleas entre Nela y Javi pueden comenzar de la forma más absurda y, en ocasiones, adquieren una rudeza tan intensa, que hasta se tambalean las lámparas de casa.

Resulta que ayer Nela asistió a una competición de balonmano a la que había sido generosamente invitada por Los Extraños de la Calle. Por lo visto, cuando no están deambulando por donde lo hace todo el mundo, esos chicos practican deportes y compiten con grandes posibilidades de triunfo. Nela y Casilda, su nueva mejor amiga, no conocían las reglas del balonmano, pero éste era un detalle sin importancia.

—Están buenísimos, flipan mogollón —me definieron a los jugadores, empleando un tono cantarín y entusiasmado.

Nela regresó arrebatada. No se había enterado demasiado bien de qué iba la cosa, pero gritó mucho e insultó repetidamente al árbitro. Al final, el equipo de Los Extraños de la Calle perdió el partido; sin embargo, para Nela y Casil éste era otro detalle sin trascendencia, ya que los perdedores terminaron regalando sus camisetas después de que ellas insistiesen un poco. Que las camisetas estuvieran profusamente sudadas añadía incalculable valor al obsequio. Nela jamás lavará la suya; Casil tampoco.

Mi hija entró en casa como una tromba, pavoneándose y ondeando el húmedo trofeo en su mano. Noté cómo una punzada de envidia azotaba el rostro de Javi, quien se comía con la mirada el anagrama del equipo.

—Podías haberme traído una a mí también —dijo compungido.

—No tengas morro, enano. La próxima vez te la curras yendo a un partido y, al final, te darán una.

—¿De verdad? —preguntó Javi con un destello en la mirada.

—Ssse, pero tienes que currártela —respondió una Nela contaminada por un virus macarra.

El resto de la noche transcurrió en perfecta armonía y unión fraternal; todos nos portamos como personas dignas de una familia modélica.

Hoy por la mañana me he levantado animada y dispuesta a sedarme con un baño caliente. En medio de la sesión de aromaterapia comienzo a oír retazos de guerra. Nela y Javi discuten encarnizadamente.

—Cerdo ladrón. ¡Devuélveme la camiseta!

—So vaca sebosa, como me llames cerdo te doy un puñetazo que te arranco los dientes.

—Eres un *#+*¡¡^*!! ¡Dame la camiseta que me has robado!

—Yo no la tengo. Quita tus apestosos pies de mi cuarto.

Crris, slap, scratch, crris. Oigo cómo Nela arrasa el armario de Javi y desparrama toda la ropa por la habitación.

—¡Estás tarada! Lárgate de mi cuarto. Deja mis cosas en paz, so #+*¡¡^*

Javi intenta desesperadamente echar a Nela de su dormitorio. Ella entonces le propina un soberano empujón.

—¡Quita, guarrocagón!

Javi agarra su raqueta de tenis y golpea a su hermana con todas las cuerdas.

—Eres un #+*¡¡^* ¡Ahora te vas a enterar!... ¡Splask!

Salgo del agua precipitadamente y corro hacia el terreno de combate envuelta en una toalla; mis pies y brazos chorreando y arruinando la tarima. En el trayecto choco con dos fieras salvajes que se persiguen y amenazan de muerte. En el preciso instante en que me ven, ambas se disputan mi atención.

—Esta tía está loca. Deberías encerrarla en un manicomio —aúlla Javi.

—¡No! Él me ha pegado con esta raqueta. Casi me salta los sesos. Te lo juro mamá, como no intervengas, algún día le arrancaré los brazos. Pienso hacerlo.

—¿Ves cómo está tarada? ¡Es una criminal!

—¡BASTA! —grito mientras sujeto con todas mis fuerzas a los adversarios.

—Ella ha empezado primero —chilla Javi.

—¡Mentira! Ha sido él —ladra Nela.

—¡BASTA! —ordeno yo.

A estas alturas ya conozco lo problemática que resulta mi intromisión en las peleas de mis hijos. En cuanto aparezco, el rumbo de la disputa cambia radicalmente. En el momento en que me ven, Nela y Javi pierden interés por resolver el problema y centran toda su atención en lograr que tome partido por uno o por otro. En situaciones así, yo no debo pedir explicaciones detalladas ni puedo enterarme de quién empezó, a no ser que desee prolongar interminablemente la batalla. De modo que no tengo más remedio que zanjar el asunto con una amenaza digna del rey Salomón. Requiso la camiseta sudada; requiso la raqueta de tenis; requiso la libertad de mis hijos durante un mes y dicto una solemne sentencia:

—No quiero que ninguna persona de esta casa se pelee con otra mientras yo siga en este mundo.

El teléfono

Mi hija ha convertido nuestro hogar en una inagotable centralita telefónica. Mientras está en casa, Nela pasa las horas en perpetua conexión con sus amistades; maneja el teclado con todos los dedos igual que una operadora experimentada, y además es un portento a la hora de utilizar el sistema de llamada a tres y demás parafernalia de los servicios telefónicos.

A través del auricular, Nela practica toda la gama de relaciones humanas sin contacto físico: hace planes, queda, da plantón, pierde el tiempo, ama, critica, asesora, cotillea, insulta, cuenta chistes, ríe, llora... En casa se siente excesivamente aislada del mundo, el teléfono constituye su sistema alternativo de relación social. La vida de sus colegas tiene para ella una importancia absoluta; debe estar al tanto de lo que les ocurre y no puede soportar la mera sospecha de estarse perdiendo algo.

Diariamente tengo ocasión de comprobar cómo

se repite la misma escena cuando Nela regresa del colegio.

—Hola, querida, ¿cómo te ha ido? —pregunto al abrir la puerta.

—Pssse; oye, tengo que llamar.

—¿A quién?

—A todo el mundo. Tengo que enterarme de qué ha pasado a la salida del colegio.

—¿Algo grave? —inquiero temiéndome lo peor.

—Sí. Rafa Palanca se ha acercado a hablar con Cris López.

—¿Y qué?

—Amanda y Vero están por Rafa. Tengo que llamar.

Inmediatamente cumple su amenaza y telefonea a todo el mundo. La tragedia de Vero y Amanda se extiende como la pólvora y, por lo que se ve, mi hija es el principal punto de referencia al que acude la humanidad para enterarse de cómo evoluciona el estado emocional de las afectadas. Nela está pletórica, habla que te habla, a cinco pesetas el minuto. Una ganga. Mientras tanto, los deberes y libros aguardan pacientemente sobre el suelo de la entrada.

Nela maneja las llamadas en espera con destreza de prestidigitador; jamás nadie en esta casa le había sacado tanto partido al teléfono multifrecuencia; mi hija es capaz de hablar simultáneamente con cinco compinches sin perder la compostura.

Oída desde fuera, la conversación parece un completo desatino:

—Jo Casil, tía, ¿te has dado cuenta del mal aliento que tiene X? Seguro que no se lava los dientes. ¡Ay! Un pitido. Espera un momento... Click... ¡Juan! ¿Qué pasa contigo? Ssse, ya me he enterado; acabo de hablar con C y H y me han dicho que el sábado igual vamos a una fiesta. ¡Ay! Me entra un pitido, ¿esperas?... Click... ¿Casil? ¿Sigues ahí? Pues aguanta, tía, que estoy hablando con Juan... Click... ¿Juan?, Ah, hola, Silvia. Creí que eras Juan. ¿Sí? ¿Que ya no sales con Gómez? ¡Qué fuerte! ¿Que acaba de cortar contigo? ¡Qué marrón! Espera... Click... ¿Juan? Hijo, perdona. Te decía que no sé quién da la fiesta; por lo visto es una chica que va al colegio Z, Tama la ha visto alguna vez y me ha dicho que podemos ir todos los que queramos porque ella no conoce a nadie y quiere llenar su casa de gente. ¡Ay! Un momento... Click... ¿Silvia? No llores, tía, que Gómez es un cerdo asqueroso; de verdad, todo el mundo lo dice. Espera un momento... Click... ¿Casil? Tranqui; no sé por qué te pones así; sólo has tenido que esperar un segundín de nada...

El problema surge cuando alguien ajeno a sus amistades se cuela en medio de su multitudinario *simposium* telefónico y pregunta por algún miembro de la familia que no sea Nela. Teniendo en cuenta que ella acapara la línea durante toda la tarde, a menudo se le cuelan intrusos; sin embargo, la muy astuta ya ha encontrado el modo de quitarles del medio de un plumazo. Aunque estés en la habitación contigua, Nela dice que has salido y que no sabe cuándo volverás. Por supuesto, olvida instantáneamente el recado que el foráneo ha dejado en sus manos.

El tic telefónico se ha vuelto frenético en las últimas semanas, coincidiendo con la primavera y con los devaneos amorosos que ésta trae consigo. Cada vez que llega a casa, incluso después de la más breve salida, Nela se lanza sobre el auricular con ávido frenesí. Lo acaricia mientras eleva la vista al techo.

—¿A quién puedo llamar? —se pregunta repasando mentalmente una lista monumental—. Ya sé, llamaré a Vero para ver qué hace.

A partir de ese instante la cadena se vuelve interminable. No quiero imaginar cuántos dígitos tendrá la factura que está por llegar, ni cuántos suspensos figurarán en las próximas notas.

—¡Tú tienes la culpa! —chillan los Asesores—. ¿Por qué no impones un horario? ¿Por qué eres tan rematadamente blanda? ¿Por qué?

En realidad todo comenzó de una manera más bien tonta. Nela empezó a recibir llamadas hacia los once años. En aquella época me hacía ilusión comprobar cuánto querían a mi niña los camaradas; me gustaba saber que contaban con ella, que la integraban en sus alegrías y sus penas; y así, poco a poco, hemos llegado a esta desastrosa situación. Yo debía haber sido más dura e implacable desde el principio, ¿qué puedo hacer ahora?

—Marca un tope de llamadas al día y ya está —dicen los Asesores, como si eso fuese lo más fácil del mundo.

Impongo a Nela límites telefónicos durísimos y aseguro que vigilaré ferozmente el buen cumplimiento de los mismos.

—¡¡¡NO!!! —mi niña exclama, aúlla y llora al mismo tiempo. Tiene que sentarse a tomar aire; mi nueva actitud se le clava como una puñalada. Nadie tiene una madre tan cruel y maligna. Nadie. Amenaza con escaparse de casa; menciona varias alternativas de suicidio. Huye hacia su cuarto con los ojos chorreando lágrimas y con la boca chorreando todos los improperios que conoce, que son muchos.

Decido desenchufar la clavija del teléfono para evitar tentaciones. El resto de la tarde transcurre en un silencio al que no estamos acostumbrados. De pronto llaman a la puerta. Es la madre de Fabián, un compañero de colegio que vive en nuestro edificio. La mujer desea saber si nos pasa algo; resulta que los camaradas de mi hija están bombardeando su número, todos se muestran alarmados por nuestra falta de respuesta. Yo la tranquilizo poniéndola al corriente de mi nueva fórmula para educar a la niña. Ella me mira de una manera extraña.

—Aquí el teléfono suena demasiado para Nela —dice apesadumbrada—. En mi casa, en cambio, ese mismo teléfono jamás suena para mi Fabián.

Me ha parecido que lo decía con pena.

Tortura acústica

Javi lleva una vida monótona tan sólo iluminada por las actividades que él mismo diseña.

Desde que mi niño es adolescente, ha convertido su vida en un ritual mecánico, siempre el mismo, durante días y días. Entra en casa. Portazo. Arroja la cartera, corre a su refugio-dormitorio. Portazo. Echa el cerrojo. Inmediatamente, un terrible griterío rasga el aire. Es Javi, que se relaja arrullado por el escándalo tecno-maníaco de Reincidentes, su grupo de música favorito por el momento. Mientras tanto, no mira un libro, piensa constantemente en el fin de semana, abandona el cuidado de su tortuga y olvida que una vez, no hace mucho tiempo, le gustaba hablar sosegadamente con su madre. En ocasiones Javi interrumpe este sistemático rito para hacer una breve incursión en la cocina o para hundirse en el sofá delante de la televisión.

Yo, que ya me conozco el percal, aporreo su puerta sin miramientos.

—¡Abre ahora mismo o tiro la puerta abajo! —grito al máximo de mis posibilidades.

Se hace el sordo durante una eternidad, pero yo insisto en intercalar mis alaridos entre los de Reincidentes o Extremoduro, sus aulladores predilectos, hasta que ya no lo soporta más y termina sucumbiendo a mis órdenes.

Lo hace lentamente, como dominado por un agotamiento absoluto.

—¡Por favor, mamá! —chilla dramáticamente entre los demoniacos acordes que acribillan el ambiente de su cuarto—. ¿Por qué no dejas de darme la barrila? ¡Eres una pesada! ¡Déjame en paz!

—Los deberes.

—¡Ya los he hecho! ¡Déjame en paz!

Vuelve a cerrar la puerta con ímpctu furioso. Necesita separarse físicamente de su madre, que tanto le acosa con impertinentes intromisiones. Desde que es adolescente, nuestra relación familiar se ha convertido en un juego de escondites. Mi niño huye de sus padres, detesta que le toquemos tanto como que le hablemos y controla a su antojo varios métodos de retirada; uno de ellos es quedarse sordo mientras está firmemente encarcelado en su cuarto.

Si hay algo en este mundo que detesto con toda mi alma es el ruido. El estruendo me pone de los nervios; arruina mis lecturas, sabotea cualquier intento de concentración, perturba a mis interlocutores telefónicos y contribuye a nuestra mala fama entre los vecinos. No lo aguanto.

Sin embargo, la habitación de Javi es una fuente inagotable de este tipo de tortura: mi niño ocupa el tiempo de encierro voluntario botando insistentemente la pelota de baloncesto, bailando como un canguro, abriendo los armarios a golpes, tirando el contenido de toda su estantería al suelo cada vez que no encuentra algo a la primera, lo cual ocurre con muchísima frecuencia. A esto hay que añadir los ladridos enloquecidos del perro; Javi se divierte enormemente haciéndole rabiar. Por supuesto, también tiraniza los tímpanos propios y ajenos con un tipo de música altamente ofensiva para la gente de buen gusto. Mi hijo distribuye el suplicio atronador que él mismo genera por todo el edificio sin ningún tipo de consideración hacia la vecindad. Es generosísimo a la hora de repartir la baraúnda infernal a la que es tan aficionado.

Además, últimamente Javi ha incorporado una nueva modalidad a su repertorio sonoro. Habla con su hermana Nela a través de las paredes.

—¡Nelaaaaa! —aúlla mientras lee tranquilamente un tebeo sobre su cama.

—¿Quééééé? —chilla la otra desde su celda particular.

—¿Sabeees lo que significa chinorriiii?

—¿Quééééé?

—Un tío de la otra clase ha dicho que Moleño es un chinorri con pelas. ¿Sabes lo que es eso? —vocifera a pleno pulmón. No soporta adquirir conocimientos abandonando su refugio ni por un solo segundo.

—Síííí —se limita a tronar Nela. Durante breves instantes reina la ausencia de diálogo entre hermanos. Sólo los acordes infernales de sendos dormitorios alteran el sosiego del vecindario.

—Tíaaaaa, ¿eres lerda o qué? ¡Estoy esperandoooo!

—¿Qué era lo que querías sabeeer? Ya se me ha olvidadoooo.

—Chinorri con pelaaaas —vocifera poniendo a prueba la potencia de sus cuerdas bucales; y no contento, lo repite—: ¿Me has oídooo? He dicho chinorri con pelaaaas.

—Significa niñooo pijooooo.

—¿Quééééé?

Los Asesores estarían horrorizados si presenciaran semejante espectáculo. Naturalmente, intento prohibirlo con todas mis fuerzas. Me planto frente a los dormitorios y zurro las puertas de los niños mientras me desgañito lanzando instrucciones de inmediato silencio por todo el pasillo. En mi casa, para evitar el ruido, no hay más remedio que bramar en un tono más elevado que él. Estoy segura de que existen métodos mejores para conseguir que mis hijos modifiquen su fragorosa conducta, pero yo me hallo en plena etapa de experimentación en cuestiones de convivencia con adolescentes, y todavía no sé capear con susurros los contratiempos que me molestan.

Hoy he coincidido con el señor del quinto B en el ascensor. Educadamente me comunica lo que acaba de leer en el periódico. Por lo visto, una mujer inglesa ha enloquecido gravemente a causa del escándalo musical y verbal con el que incesantemente la machacaban sus vecinos. La pobre mujer irrumpió en la vivienda de los ruidosos con un palo de golf en la mano y se lió a golpes con el estéreo, aparte de abrirle una brecha en la cabeza a uno de los chicos.

Pocas veces me han lanzado una indirecta tan directa.

La salida de Nela

Casilda, la actual íntima amiga de Nela, nos visita por sorpresa a las nueve menos cuarto de la noche. Ha terminado los deberes, ha preparado cinco o seis exámenes por lo menos; su madre recomienda una vuelta para despejar la mente. ¿Podría ir Nela con ella?

Los Asesores me han dado una regla de oro y la aplico: a estas horas, Nela puede salir únicamente los viernes y sábados. Hoy es martes. Lo siento.

—¡Porfa, porfa, porfa! —suplica Casilda haciendo ademán de arrodillarse—. Sólo será una vueltecita de nada...

En ese mismo instante, Nela emerge de su cuarto-discoteca. Es la viva imagen de una mártir en la cumbre de su inmolación. Ha realizado sus deberes, ha preparado seis exámenes como mínimo. Necesita un respiro que le devuelva la vida.

Ahora ambas amigas se arrodillan e imploran clemencia. Consiento. Nela puede salir hasta las...

—¡Hasta las once! —exige caprichosa.

—¿Estás loca? Te quiero en casa a las diez.

—Pues mis padres me dejan hasta las once —interrumpe Casilda con ojos de arcángel.

—Está bien... —la mirada de las chicas se licúa de placer— ...voy a telefonear a tu madre, Casil.

La expresión de Casilda adquiere el tono de un polo de nata. Nela sufre a causa de la humillación infringida por su propia madre.

—¡No hace falta que te molestes en llamar a nadie! —solloza, y luego, ebria de decepción, se dirige a su amiga—. Márchate sola, Casil. En esta casa me tratan como a una enana asquerosamierdera. Jamás se fían de mí. Me odian.

¿Cedo o no?

Reflexiono: Nela ha hecho sus deberes por cuenta propia, lo cual es muy sorprendente. Ciertamente necesita despejarse un poco. En la calle por lo menos respirará aire fresco; aquí, en cambio, deambulará por los rincones de mal talante y haciéndose la víctima.

—De acuerdo, Nela. Puedes salir hasta las diez y media. Ni un minuto más.

—¡No hay derecho! —brama—. ¿Por qué? ¡A ver! ¿Por qué no puedo salir hasta las once como Casil?

Entonces su amiga le propina un leve codazo. Nela enmudece. Ambas intercambian miradas de complicidad.

—¡SSSTÁ BIEN! —consiente al fin poniendo los ojos en blanco—. Estoy harta de que te creas que me puedes mandar, que lo sepas.

Las veo entrar en el ascensor y desaparecer. Justo en ese momento me doy cuenta de mi error. Nela ha salido en camiseta. Va enseñando el ombligo y la temperatura exterior ronda los cinco grados. Además, no he preguntado exactamente dónde piensan estar o qué tienen intención de hacer. Soy una madre irresponsable, incauta y negligente. ¿Cómo he podido olvidar a los violadores con tanta facilidad? La cabeza se me atiborra de imágenes delirantes. Nela secuestrada. Nela asaltada por gente con síndrome de abstinencia. Nela expuesta a la vorágine de alimañas humanas que acechan y dan caza a niñas inocentes. Los Asesores estarían escandalizados, reprobarían furiosamente mi conducta.

Me precipito hacia la ventana. Las veo marchar calle abajo con la melena y el ombligo al viento, ajenas al peligro y al frío. Un chico se acerca a ellas y se arrean múltiples besos. ¿Le conozco? ¿Quiénes serán sus padres? Grito al máximo de mis posibilidades. Nada. Las dos deambulan junto al recién llegado sin ritmo y probablemente también sin rumbo. Me doy cuenta de que los tres van arrastrando idénticas botas de montañero.

Llamo a la madre de Casilda. Espero encontrar una progenitora informada y tranquila, pero no. Se queda atónita. Ella creía que era Nela quien tenía permiso hasta las once. Tampoco sabe dónde están ni si han quedado con alguien más. Confiaba en que yo haría las indagaciones oportunas.

—Es que, como tú eres así... ya sabes —aclara.

No entiendo el significado de sus palabras y enmudezco. Ella continúa...

—Es que Nela siempre dice que eres muy palizas; no te ofendas, por favor, son cosas que comentan las niñas, ya sabes...

¿Será verdad que soy desconfiada en exceso? ¿Tendrá mi niña problemas de madurez por mi culpa? ¿Acaso pretendo convertirla en una pazguata adherida a mis faldas?

Ansío volar en su busca para enterarme de todo lo que antes debía haber averiguado. Si voy en coche puede que logre encontrarlas... pero no. Por una vez, daré un voto de confianza a mi hija. Quizás Nela agradezca haber sido tratada como una chica mayor. Seguro que a su regreso me lo cuenta todo. Yo sola dirijo mi propia película: Nela y yo, mano a mano, compartiendo su maravilloso relato como dos maravillosas confidentes a la par que amigas...

Sacudo la cabeza y salgo de tan agradable ensimismamiento. No puedo evitar esperar a Nela al borde del colapso. Son las diez y cuarto... y media... once menos diez... Rápido, al coche, necesito encontrarla como sea. Justo en ese instante suena el timbre. Intento serenarme, aparentar que soy una madre confiada y dispuesta a escuchar.

—Hola, ¿qué tal? —pregunto cautelosa.

—Bien.

—¿Dónde has ido?

—A ningún sitio.

—¿Con quién has estado?

—Con nadie.

—¿Qué has hecho?

—Nada —concluye mientras se dirije hacia su dormitorio.

Un horror llamado «colegio»

La enfermedad de cada lunes

Domingo, once de la mañana.

—Javi, ¿cuándo vas a hacer los deberes? —inquiero educadamente.

—Sssse, luego, ¿vale?

El niño lleva un buen rato deambulando por las habitaciones de la casa. Mira con desdén por la ventana y permanece ajeno al sol radiante que inunda el exterior. Picotea en la cocina, se atiborra a chuches en su cuarto, juega con la videoconsola, vuelve a la cocina. Moleño llama por teléfono. Sus padres, gente de extraordinario sentido común, le obligan a inhalar aire puro en el campo. Moleño detesta hacer tal cosa; sólo podrá resistirlo si Javi se emborracha de aire puro también, ¿podría ir? Mi hijo intenta escabullirse.

—N'sé, tronco, ¿qué vamos a hacer allí?

Silencio.

—N'sé. El senderismo es un muermo, tío. Si por lo menos nos dejasen hacer *puenting*... —Javi sólo encuentra atractiva la vida si puede correr el riesgo de perderla.

—N'sé, es que mi madre me obliga a hacer los deberes. Tengo que quedarme en casa —miente en tono lúgubre antes de colgar el teléfono.

Vuelve a vagabundear por la casa. De nuevo se le oye picotear en la cocina. No mira un libro; la cartera yace en el mismo lugar donde la depositó el viernes al regresar del colegio. Los Asesores me han dicho infinidad de veces que deje al niño ocuparse de sus responsabilidades; no debo intervenir; pero yo apenas aguanto verle así, tan predispuesto a la vida contemplativa, tan lánguido, tan insensato. De modo que, contrariamente a lo que se me ha aconsejado, intervengo.

—Javi, los deberes.

—Ssse. Ya los haré. No te preocupes.

—¿Cuándo?

—Luego; dentro de un rato.

Después de comer, Javi deambula por el centro comercial. Desea comprar un helado y ver quién anda por ahí, pero la gente interesante ha huido de la ciudad y ahora surca senderos y cumbres, igual que Moleño. La falta de contacto humano fomenta el hambre de mi niño. Compra dos helados y una cosa que se denomina «submarino» relleno de sobrasada.

Domingo, seis y media.

Los deberes continúan intactos en la cartera. La piel de Javi parece impregnada en moho; las toneladas de comida basura han terminado inundando de ácido su encantador aparato digestivo. La palabra «deberes» pone a mi niño al borde de la muerte. Tiene que acostarse.

Lunes, siete y media de la mañana.

Javi presenta una cara sonrosada. No hay vestigios de indigestión; sin embargo, el niño solicita débilmente un barreño en el que poder vomitar. El término «colegio» acelera sus náuseas. ¿Estará fingiendo?

Javi es muy proclive a poner cara de moribundo los lunes, especialmente cuando no ha dado golpe durante el fin de semana. Sus indisposiciones suelen ser intensísimas a la hora de levantarse y van mejorando a lo largo de la jornada. Hacia las seis de la tarde, mi hijo resucita por completo coincidiendo con su serie favorita de televisión. Cena sin ningún tipo de problema, juega con la videoconsola y se acuesta fresco como un boniato. A la mañana siguiente, recae. La enfermedad le acosa de nuevo. ¿Estará repitiendo hoy la misma función de teatro?

—No te dejes engañar —advierten mis Asesores—. Llévale al colegio. Si está enfermo de verdad, ya te avisarán los profesores para que le recojas.

Estoy sumida en un mar de dudas. Miro a Javi; el pobre se arrebuja entre las sábanas e intenta pasar desapercibido. Está bien. Por una vez haré caso de mis consejeros. Obligo al niño a levantarse, cosa que hace como si estuviese en la cumbre de su inmolación. No puede soportar la visión del desayuno, recula ante el vaso de leche. Se introduce en mi coche a cámara lenta y abre completamente la ventanilla.

—A lo mejor vomito —musita pálido.

Finalmente le deposito en las frías escaleras de la entrada del colegio. Las clases han comenzado hace escasos minutos. Veo cómo arrastra la cartera agónico, sumido en una profunda debilidad.

¿Habré hecho lo correcto? Me siento fatal. Soy una madre durísima que espera la llamada del profesorado anunciando a un Javi con cuarenta grados de fiebre. Miro el reloj. Son casi las cinco y sigo sin tener noticias.

Ciencias Naturales

Javi tiene notables dificultades con las Ciencias Naturales. A sus once años, no es capaz de memorizar el aparato excretor del pingüino ni aunque pierda la voz de tanto repetirlo. Afirma que el «acueducto de Silvio» está en Segovia en lugar de en las meninges. Confunde al lepidóptero con un cartílago; llama genocidio al gineceo; se queda boquiabierto cuando le aseguro que un oligoqueto es, en realidad, una simple lombriz. Mi hijo hubiese requetejurado que semejante término se utiliza para designar a las personas en exceso cariñosas.

El barullo es tan profundo que, en el último examen, Javi ha llegado a incluir al caracol en la lista de los mamíferos. Conclusión: suspendido, castigado.

—¡No hay derecho! —brama.

—Si hubieses estudiado...

—¡Pero yo me lo sabía mogollón de bien! ¡Era el único de la clase que se lo sabía todo! Pregúntaselo a Moleño; ya verás lo que te dice.

—¡Ah! De modo que tu profesora se dedica a suspender a los que más saben.

—Es que me tiene manía. Te juro que la de *naturacas* me odia. Y, además, ¿para qué sirve esta asignatura tan tocha? ¿Para qué, a ver, dímelo?

—Precisamente es una de las más fáciles. Sólo tienes que mirar un poco a tu alrededor...

—¡Pero si es lo que hago! ¡Yo lo miro todo muy bien!

—¿Ah sí? Entonces, ¿por qué has dicho que el caracol es un mamífero?

—Porque tú siempre me das la vara con lo de estudiar de memoria; quieres que utilice mis propias palabras, quieres que diga zumo de naranja en lugar de mesocarpio de hesperidio. Eso me has dicho, me lo has dicho mogollón de veces...

—Sólo para que entiendas un poco mejor el significado de los términos.

—¡Pues eso es lo que he hecho! ¡He explicado el caracol con mis propias palabras!

El niño se obceca. Es inútil. ¿Será duro de mollera? La duda me consume, no puedo remediarlo. Pido su cuaderno.

—A ver, lee la descripción del caracol —solicito en un tono que me parece paciente y amable.

Pero Javi se siente más controlado que un cangrejo

en un cubo. Mira los apuntes de mal talante; pasa páginas y más páginas; musita cosas ininteligibles; se le caen unas cuantas fichas al suelo; refunfuña. No encuentra esa descripción. Caracol, concretamente, no viene.

Agarro el cuaderno. Busco entre las hojas con arrebato. Javi es ahora un adolescente con una madre nerviosa y tozuda.

—¡Aquí está! —señalo, taladrando el papel con el dedo. Leo—: «Molusco testáceo, herbívoro, en cuya cabeza figuran tentáculos llamados vulgarmente cuernos»...

—¡Pues eso! ¡Igual que las vacas!

Cierro los párpados y respiro pausadamente, haciendo grandes esfuerzos para que mi compostura se mantenga serena y civilizada. Sin embargo, a Javi le molestan mis gestos. Intuye que tras mi ademán perfecto se oculta una progenitora injusta y antojadiza. Ni por un solo instante recuerda que ha traído un suspenso como una catedral. Javi palidece porque nadie reconoce su valía, ni siquiera yo, su propia madre.

—Está bien —declaro paciente—. A ver, ¿qué tema debes estudiar hoy? Te ayudaré un poco.

—No es necesario. Me lo sé todo. Sssstá chupao. Hoy toca lo de los órganos sexuales. Lo sé todo desde el año pasado; qué digo, desde párvulos. Me lo explicó Moleño... Sssstá chupadísimo.

Sí, su amigo Moleño tiene pinta de experto. Consiento que Javi se encierre en su dormitorio para restablecerse del sofoco que se ha llevado con lo del suspenso. Hacia las ocho suena el teléfono. La madre de Nico, un triunfador, llama angustiada. ¿Tenemos nosotros alguna enciclopedia? Es por lo que los niños tienen que estudiar. Al parecer, la biblioteca de su casa carece de documentación suficiente. En ningún sitio encuentran datos fidedignos sobre el sistema reproductor... ¡de las ranas!

Planes de futuro

Javi regresa animado y contento del colegio. Últimamente detecto que está excesivamente encantado de volver a casa.

—¡Hola! ¿Tienes muchos deberes? —inquiero yendo directamente al grano. Pero Javi no se inmuta. Sigue contento.

—No —contesta rápidamente, y enseguida se dirige a la cocina para llenar de palomitas su exigua panza.

Tuerzo el gesto. Esta respuesta se viene repitiendo, sospechosamente, de un tiempo a esta parte. El niño lleva dos semanas sin dar ni golpe. Requetejura que termina todo en el colegio, que ningún profesor ha mandado ni un solo trabajo. Las tardes de Javi se han convertido en momentos muy propicios para la distensión y el relax. Se dedica a surcar las calles con el monopatín, mete goles en el parque, engulle televisión y no mira ni un libro. Yo, la verdad, estoy un poco mosca. Mientras merienda palomitas en la cocina hurgo discretamente en su cartera, requiso la agenda escolar y me espanto. Estamos al borde de la segunda evaluación y la agenda de Javi muestra hojas inmaculadamente blancas desde enero. Javi ha dejado de anotar los deberes. En lugar de estudiar agarra la puerta, el monopatín bajo el brazo y se esfuma tras un sucinto «Sssta luego». Algo pasa.

Telefoneo a la madre de Moleño. Sí, su hijo también va continuamente al parque. Hace tan buen tiempo que ella no tiene corazón para prohibir el esparcimiento al aire libre.

Llamo a los Asesores. Sin titubeos me dicen que jugar es muy educativo e importante. Los niños deben hacerlo.

De acuerdo. Me lavo las manos. Javi puede dedicarse a solazar su espíritu tanto como le dé la gana. Allá él.

Voy un momento al supermercado. Allí encuentro a la madre de Nico, el triunfador. Toda la verdad sale a relucir. La próxima semana es decisiva, cada día habrá un examen. Nico está repasando como un poseso, el pobre apenas recuerda ya el tacto de una pelota de fútbol. La mujer se pasma al saber que Javi pierde las tardes y corretea libremente; debería encerrarse para repasar igual que hace su hijo.

Convertida en una centella iracunda rastreo las calles en busca de Javi. No aparece por ningún lado;

los testigos aseguran haberle visto por última vez hace un rato inmenso.

—Se ha tenido que ir porque sangraba mucho —me informa una niña de pelo tan ralo como su mirada.

—¡¿Qué?!

Corro con el corazón desbocado. En mi imaginación olfateo al niño moribundo, abandonado, desangrándose en medio del salón mientras su madre cotillea en el supermercado. Abro la puerta como una tromba compungida y me doy de bruces con un Javi que ha envuelto su brazo en papel de cocina. Afortunadamente apenas hay rastros de sangre. Resulta que mi hijo siente un apetito insaciable por el peligro. Intentó volar con el monopatín por encima de un banco. La primera vez le salió muy bien, pero la segunda chocó con Moleño y ambos cayeron estrepitosamente al suelo. Javi tiene una rozadura en el brazo. Moleño se ha roto un diente.

Agarro su camiseta y le arrastro al baño con el ceño fruncido.

—¿Por qué me has dicho que no tienes deberes? —regaño mientras la herida bulle bajo el impacto del agua oxigenada.

—¡Aaaaa! —gime, solloza y sopla sobre la espuma que brota de su rozadura.

—¡Hace falta tener cara! ¡Deberías estar repasando! ¿Acaso crees que soy idiota?

Se encoge de hombros mientras se muerde el labio inferior y aprieta los párpados. Quien haya dicho que el agua oxigenada es indolora miente; mi niño tiene los ojos inyectados en lágrimas y padece en silencio un escozor insoportable. El pobre apenas puede entender lo que le pregunto. Sin embargo, creo que ya sé lo que ocurre. Para Javi, lo maravilloso de repasar es que no debe entregar nada al día siguiente; conclusión: el verbo «repasar» es antónimo de «trabajar».

No me dejo seducir por sus gestos de dolor. Javi debe aprender a ser responsable; los estudios constituyen su única obligación. Sin embargo, de seguir así, tengo ante mí a un mendigo en potencia.

—¿Qué pretendes ser de mayor? —pregunto hosca con intención de demostrarle que, sin estudiar, ninguno de sus sueños podrá hacerse realidad.

—N'sé. Nada.

—¿Acaso no vas a casarte nunca?

—Bueno, si no hay más remedio...

—Entonces, ¿cómo vas a pagar los caprichos de tus hijos?

—Con el dinero de mi mujer.

—¡AH! ¿Te parece bonito?

—Ssse.

—¿Y qué pasa si te quedas soltero? ¿Cómo piensas comprar las palomitas de la merienda?

—Chupao. Vengo aquí y las cojo de la cocina. Tú siempre tienes de todo.

La respuesta me sobrecoge. Resulta que Javi ha planeado perfectamente su futuro. Mi niño no piensa ser, ni de lejos, como su progenitor. Él se pegará una gran vida; jamás padecerá insomnio por falta de dinero ni pedirá créditos bancarios. Javi simplemente recurrirá a mí, su madre. Me percibe como el manantial de su abundancia, una pócima milagrosa que provee, regala, presta y jamás cobra intereses. Con un chollo así, ¿qué sentido tiene hacer los deberes?

Vacaciones en la nieve

Semana blanca. Un invento de los colegios con el que los sufridos padres tenemos que devanarnos los sesos para entretener a los niños, a pesar de que todavía no hemos superado la desazón que acarrea la cuesta de enero.

Tiemblo ante la idea de un Javi excesivamente ocioso que deambula sin ton ni son por la casa, que entra en estado hipnótico frente al televisor o que desaparece en el parque y hace el animal. Cuando hay vacaciones, mi niño se dedica a holgazanear frenéticamente. ¿Y qué hay de los deberes? Los profesores, que son muy considerados, no van a mandar trabajo durante esta semana gloriosa. Los niños pueden concentrarse en practicar deportes de nieve.

Forzada por las circunstancias, he apuntado a Javi a un viaje de esquí organizado por el colegio. Estoy al borde de la bancarrota, pero los Asesores confirman que este tipo de experiencia conviene mucho a la escueta madurez de mi hijo. Es la primera vez que el niño pasará las vacaciones lejos de su madre; pero, contrariamente a lo esperado, Javi está más festivo que un mono con un periódico. Se ha enterado de que las chicas dormirán en habitaciones próximas.

Mañana debemos estar listos casi de madrugada. Oigo cómo mi Javi ultima detalles de vital importancia al teléfono. Por sus palabras, deduzco que habla con una colega.

—Pero dime, ¿vosotras vais a estar con vosotras, o estaréis con vosotras y nosotros? —Javi es un lince. La erudición de su pregunta me sobrecoge.

A la mañana siguiente, un hormigueo de mamás soñolientas y papás ojerosos despiden a sus cachorros bañándoles en advertencias y recomendaciones. Que no hagas el burro; que te pongas la crema de sol; que no te roben nada; que... Javi se topa con el primer chasco del día: las «vosotras» irán en diferente autobús que los «nosotros».

Después de mucho lío, consiguen ponerse en marcha. Los padres ametrallan a los monitores con preceptos de última hora y los niños se zampan los bocadillos que deberían tomar dentro de seis horas. Se nota a la legua que todos están deseando perdernos de vista.

—Luismi, llámame enseguida si te caes y te rompes algo —oigo que grita una madre al borde del llanto.

Miro el reloj y calculo mentalmente el tiempo que queda para telefonear a mi niño. Todavía no ha llegado el autobús a la esquina de la calle, y ya le echo de menos. Sufro.

Al cabo de diez horas logro ponerme en contacto con la pensión donde se alojan. El recepcionista me informa que llegaron sanos y salvos, pero que todos han salido despepitados y ahora se despeñan por los precipicios sobre bolsas de basura que utilizan a modo de improvisados trineos.

Han pasado tres días y no he conseguido hablar con mi Javi. Hoy, por fin, oigo su voz al otro lado del teléfono.

—¿Qué tal? —pregunto hambrienta de información.

—Bien.

—¿Ya sabes esquiar?

—Ssse.

—¿Te caes mucho?

—Psse. Oye, no me llames más.

Nada. No logro que Javi desarrolle cierta ternura telefónica ni aun después de tantos días sin vernos. ¿Será normal? Moleño, por ejemplo, relata a su madre las menudencias de cada jornada como un loro habilidoso.

—¿Sabes a qué se dedican nuestros hijos todas las

noches? —suelta la madre de Moleño con voz animosa. Me da rabia confesar que no tengo ni idea de qué demonios habla. Presiento escenas terribles en las que un Javi obseso espía a las chicas cuando éstas se cambian de ropa. Tembleque o.

—Algo me ha contado el niño —miento descaradamente haciéndome la mundana.

—¡Qué te parece! Yo hubiese jurado que ese juego ya no existía.

—¿Te refieres a las guerras de espionaje? —digo con ánimo adivinatorio.

—¡Quita mujer! Me refiero al juego de la botella.

La mención de este pasatiempo me saca una sonrisa melancólica. La famosa botella dio lugar al primer beso en los labios de casi todas las personas que conozco, pero, curiosamente, aún no he encontrado a nadie que sepa exactamente en qué consistían las reglas. Todo el mundo recuerda que chicas y chicos se sentaban en el suelo formando un círculo; uno de los participantes hacía girar una botella y luego era obligatorio besar a quien señalara el cuello de la misma. Pero ¿eras ganador o perdedor cuando señalaba hacia alguien horrible? Sé que mi botella jamás me dio la oportunidad de besar al príncipe del círculo, de modo que pasaba todo el juego gritando «¡ha sido trampa!» y conseguía de este modo evitar a los sapos que habitualmente me correspondían.

Pienso en Javi. Me lo imagino tembloroso, jugando a ser mayor, fingiendo que un beso fugaz le traslada al séptimo cielo. En cuanto al esquí, sospecho que en estos momentos lo considera un entretenimiento secundario.

Época de exámenes

Exámenes. Los niños están pasando una semana difícil. El fin de curso se acerca y los pobres duermen poco, se levantan maldiciendo, desayunan sin hambre y tienen los nervios a flor de piel. El mínimo contratiempo desata su ira. Hace calor. Desde la ventana abierta nos llega la alegre algarabía de los clientes que invaden la heladería de la esquina. Algunos niños con suerte chapotean en una piscina próxima, inaugurada hace unos días. Javi y Nela mueren de envidia. Yo camino sobre ascuas.

Fuera todo el mundo sonríe, pero en casa el ambiente está turbio. Mientras duren los exámenes finales, he proscrito las visitas de camaradas, las salidas en días de colegio y las llamadas telefónicas. Nela está que trina.

—¿Por qué no pueden venir mis amigos a estudiar a mi cuarto? ¿Por qué?

—Porque no. Ya está.

—Ésa no es una razón. Dame una buena razón. Contéstame, ¿por qué?

—Porque os dedicáis a hablar y no pegáis ni golpe —los Asesores me han dicho que ésta es una respuesta razonable y adecuada. Nela no está de acuerdo.

—¿Cómo te atreves a insultar a mis amigos? —chilla iracunda.

—No insulto a nadie, Nela, simplemente quiero que estudies sin acompañantes.

—Tú crees que mis amigos son unos vagos mierderoasquerosos, ¿eh? Eso crees. Pues mira, perdona que te lo diga: Renata saca sobresalientes en todo.

Renata se ha convertido en un ídolo para Nela. No es precisamente el modelo de amiga que una madre desea para su hija; en realidad, su influencia es nefasta. Renata fuma, va maquillada al colegio, hace novillos, duerme poco, estudia menos y saca notas fabulosamente altas.

—A mí no me hace falta estudiar todos los días —se jacta delante de mi niña—. Sólo estudio la noche antes de los exámenes. Me quedo despierta y me lo aprendo todo de un tirón —Nela está embelesada; desea ser igual que Renata.

Mi niña considera fascinante eso de no pegar ni chapa hasta la noche anterior y emborracharse de sobresalientes al día siguiente.

Además, Renata es sofisticada y terriblemente manipuladora. A veces me cuesta recordar que tiene quince años. En cuanto me ve, se deshace en cumplidos; dice que soy muy guay para ser madre y que estoy más flaca que la suya. Me pide opinión sobre la legalización de las drogas o sobre la pena de muerte y, en cuanto detecta que ya me tiene en el bolsillo, entonces me suplica que hable con su madre para que la deje ir a una fiesta sin límite horario, o le permita cualquier otra cosa que se le antoje en ese momento. Supongo que practica estas artimañas con todos los adultos, profesores incluidos. Barrunto cómo saca los dieces que saca. Renata es temible. Los políticos debían aprender de ella.

Naturalmente, Nela desea imitar lo antes posible las técnicas de su amiga. Mi niña se empeña en afirmar que las páginas de los libros se le graban en la mente sólo cuando sus compinches pululan a su alrededor riendo como hienas y hablando como papagayos.

—Con mis amigos me lo aprendo todo mucho mejor. Si están ellos apruebo; a mí me distrae mucho el silencio, no sé, como que me deprime. A lo mejor tú no eres igual y por eso no lo entiendes, pero te lo aseguro, mamá, en grupo estudio mejor, memorizo más —informa contundente.

—Nela. Ya lo has oído. He dicho NO.

—No hay derecho. Esta casa es una cárcel. Me pienso escapar.

Una vez más, mi hija y yo luchamos a brazo partido por culpa de los estudios. Jura que prefiere vivir tirada en las aceras antes que compartir techo con su horrible carcelera, que soy yo. Todavía no domina el arte de negociar la satisfacción de sus caprichos mediante razonamientos coherentes.

A medida que se acercan las fechas más peligrosas, la tensión aumenta junto con mis limitaciones. En cuanto Nela vislumbra una prohibición hace lo posible por destruirla. Ha informado a toda su cuadrilla de la espantosa injusticia que le ha sido impuesta.

—Se ha vuelto completamente chalada. Me obliga a estudiar, no me deja usar el teléfono; es patético. No sabes la suerte que tienes con tu madre. La mía es horrible —informa al mundo mediante su adorada vía telefónica.

Como es su costumbre, Nela ha entendido mis instrucciones a medias. Ella no podrá llamar a nadie, pero en cambio, la humanidad puede llamarla tantas veces como desee. Eso ha entendido. Eso ha dicho.

Hay muchas cosas capaces de alejar a mi hija de sus estudios: el piar de los pájaros, una bolsa de Doritos, los vecinos que vislumbra a través de su ventana, su hermano; pero, por encima de todo, existe una: CHICOS. El atisbo de uno que cruza la calle, su recuerdo, su foto, un chisme; la sola idea de un chico aturulla el espíritu de mi hija e hipoteca sus neuronas.

Los requiere, los ama, los sueña, los persigue. Le interesa enormemente lo que hacen o dejan de hacer, lo que les gusta, los deportes que practican, lo que dicen, cómo se visten, cómo se pelean y, sobre todo, cómo besan. A Nela le resbalan los años y años de luchas feministas. Ella necesita estar con chicos tanto como hablar de ellos por teléfono.

Estamos en una estación proclive a los desenlaces amorosos. Todos los congéneres de Nela se enamoran y desenamoran constantemente, lo hacen con ahínco y máximo frenesí. Mi niña tiene el pensamiento muy ocupado con las historias románticas propias y ajenas. El tema acapara todas sus conversaciones telefónicas; oigo retazos que me espantan.

—... ¡No! ¿De verdad que sales con ése? No sé, tía, a mí me parece horrible. Está como *sidoso.* ¿Cómo puedes morrearte con él?

A estas palabras se añade una terminología chocante, que es nueva para mí y demasiado espeluznante para transcribirla en estas páginas. Sus conversaciones son terriblemente francas; Nela maneja un vocabulario sexual que me corta el aliento. Conoce al dedillo quién sale con quién, y quién ha cortado cuándo y dónde. Habla de todo ello por teléfono sin descanso.

—Jo, Casil, no sé por qué sigues hablando con la idiota de Tama. La odio. Nunca mira a un tío hasta que se entera de que a nosotras nos gusta. Entonces se pirra por él. La única razón por la que se ha liado con Dani es porque yo he disimulado diciendo que me vuelve del revés. Así no nota que estoy por Carlos. Tú deberías hacer lo mismo: di que te gusta López, por ejemplo, y así no te roba a Juan.

A pesar de mi estrecha vigilancia en favor de los estudios, el sonido del teléfono corrompe insistentemente la concentración de mi hija. Puede detectarlo a kilómetros de distancia. Yo desenchufo el aparato del salón. Sólo mantengo conectado el de mi dormitorio, por si acaso llama la abuela o tienen que avisarnos de algo verdaderamente importante; pero lo escondo bajo siete almohadas. No obstante, los tímpanos de Nela distinguen igualmente el mágico sonido.

—¿Por qué me haces esto? —se lamenta lastimera—. Te odio. No puedo vivir así —ruge angustiada.

Sin tener acceso ilimitado al teléfono se siente perdida, paralizada. Nela pasa las horas maldiciendo a su madre; su furia crece imparable cada vez que suena el maldito ring-ring. No nos queda más remedio que desconectarlo del todo; de lo contrario, cualquier día de éstos tenemos lío gordo. La interrupción del sonido ha exigido una maniobra de alta tecnología. El padre de Javi y Nela, que es muy listo, se encargó de llevarla a cabo. Eliminó el timbre del teléfono mediante un sistema de clavijas complicadísimo que sólo él sabe activar y desactivar. Todo esto se ha realizado en la más estricta clandestinidad. Si Nela se entera, nos mata.

—Es muy raro que no me esté llamando nadie —dice. Para este tipo de asuntos, mi niña tiene talento de sabueso.

—Estarán estudiando, querida. Todo el mundo desea aprobar.

Nela gruñe. Pero, al cabo de unos días, noto cómo el síndrome de abstinencia se va disparando. La niña comienza a acostumbrarse a cumplir con sus obligaciones escolares sin ser mil veces interrumpida por inoportunos interlocutores telefónicos.

Ahora sólo hay una cosa que intercepta su concentración: yo. El sonido de los cacharros en la cocina, de mis conversaciones con Javi, del ordenador e impresora, o incluso el ruido de la cisterna del baño ponen su plan de estudios patas arriba. Hoy se me ha caído un cenicero al suelo. Nela irrumpe hecha un basilisco en el salón.

—¿Qué es lo que te pasa? Lo haces a propósito, ¿eh? —muge enfurecida—. Estoy intentando aprenderme de memoria cien mil trillones de fórmulas químicas y tú pasas olímpicamente del tema. Te dedicas a hacer el máximo ruido posible. Con una madre así, ¿cómo se puede estudiar?

Los compinches y demás colegas

Planes ocultos

De un tiempo a esta parte Nela se dedica a pertrechar pasatiempos a mis espaldas. Su vida se ha convertido en un puro secreto. Antes hablaba por teléfono; ahora sisea. Además, sólo da o recibe informaciones de su séquito a puerta cerrada; propina codazos a los camaradas en cuanto detecta mi proximidad, les prohíbe responder a mis preguntas inocentes y veta que se explayen cuando estoy presente. En la actualidad, Nela sólo admite un desabrido «hola» entre su madre y su tribu.

Los secretos que inundan a mi hija me erizan el pelo, no puedo remediarlo. Detrás de cada susurro, de cada bisbiseo, atisbo un ardid tenebroso. Los Asesores consideran normal la conducta de Nela, pero creo que no me entienden: lo que Nela trama no puede ser bueno y, si lo fuese, ¿a qué viene tanto misterio?

Ahora, cada uno de sus movimientos levanta mis sospechas. Cuando comparte murmullos con una amiga, enseguida vislumbro un plan encubierto, prohibido, abyecto. La situación me desborda; hasta desconfío de su buena actitud por considerarla parte de una estratagema. Por ejemplo, si desea acompañarme a la compra, intuyo que pretende sacarme un top, minifalda, abalorio o comida basura en cantidades ingentes. Cuando se ofrece para pasear al perro, barrunto turbios episodios a la vuelta de la esquina. Presiento una conspiración cada vez que solicita un adelanto en la paga, un nuevo carrete de fotos, palomitas para el microondas...

Esta tarde Nela se presenta en compañía de Casilda. Ambas llevan horas de encierro voluntario en su dormitorio.

—Estamos aburridas. Vamos a dar una vuelta —avisa.

—¿Por dónde?

—Por ahí...

—Os llevo.

—¡NO! —clama—. Preferimos ir en metro.

Enseguida atisbo lo que ocurre. Chicos.

—Os acerco a la boca de metro. Tengo que salir a comprar algo —miento.

Intercambian rápidas miradas y mohínes inquietos. La entrada al metro está cerca de mi casa, el trayecto es necesariamente escueto. Aproximadamente a mitad del camino Nela aúlla:

—¡PARA EL COCHE!

Ha detectado la presencia de dos amigos a mil pasos de distancia.

—Ya te puedes ir, mamá —me informa nerviosa.

Descienden atropelladamente del vehículo; veo cómo, en la lejanía, intercambian aspavientos y profusión de besos. Nela se vuelve hacia mí y hace un gesto brusco con la mano, el ceño fruncido, los labios prietos. No desea que escrute a sus colegas, no quiere que descubra sus actividades, sus secretos.

Cedo a la demanda a cámara lenta. Decido dar una vuelta a la manzana. ¡Horror! En tan sólo breves minutos, Nela y Casil se hallan en el centro de una multitud. Sorteo el escenario con disimulo. Afortunadamente, la niña no se percata de mi maniobra. Miro por el espejo retrovisor. ¡Horror! La multitud arrastra los pies y toma un rumbo diametralmente opuesto a la entrada del metro. ¿Dónde irán? ¿Habrá sido realmente fruto de la casualidad o es que Nela y Casilda pretenden jugar con lo prohibido?

¡Uf! Respiro.

Se han encaramado en un banco de la acera contraria. Hablan, ríen y devoran pipas... de girasol, naturalmente.

Reflexiono: ¿me estaré convirtiendo en una madre proclive a la paranoia?

Telefoneo a la madre de Casilda en busca de un alma gemela, sufridora como yo, que me consuele. Comunica. Pienso entonces en Rosa, que vive en nuestro edificio, comparte curso con Nela y va siempre modosa y conjuntada. Su progenitora me asegura que su nena se lo cuenta todo, que es maravillosa, excelsa. Debía haberlo sospechado. ¿Quién me manda llamar a una mujer alérgica a la imperfección?

Enfurecida, me digo a mí misma que mi Nela es mucho más divertida que la tal Rosa. No se viste tan mona, pero sonríe con facilidad; y tiene mil amigos con los que planea mil actividades... bien es verdad que en secreto, pero ¿qué más da?

Amigas y rivales

Nela y Casilda se acaban de pelear. Una hecatombe. Nela está devastada; Casil no tanto. Su amistad ha fenecido por culpa de una intrusa: Tamara.

—La odio, la odio, la odio —espeta mi niña henchida de aborrecimiento.

Por lo visto, la enemiga ha logrado acaparar la atención de Casilda y se ha convertido en su confidente más importante. Mi hija no se adapta a su nuevo papel secundario. Para ser feliz, Nela necesita que Casil le cuente todos sus secretos. Sin ellos se siente perdida, insegura, carente de una función que cumplir en la vida.

Una llamada telefónica ha sido el detonante. Tamara ha marcado nuestro número a las diez de la noche, justo al comienzo de la película de la tele. Tenía una información que consideró de interés para mi niña.

Tras colgar el auricular, Nela vuelve mustia al sofá, sombrío y desmoronado el ademán. No mira la pantalla de televisión; el atractivo de la película ha desaparecido por completo.

—¿Qué ocurre? —inquiero con cautela.
—Déjame.

La piel de la niña está casi azul.

—Vamos, hija, dímelo.

Por fin se le descompone la expresión. Las lágrimas brotan desde lo más profundo de sus entrañas. Esconde el rostro entre sus manos y me descubre el motivo de tan atroz abatimiento. Repite una por una las palabras de Tamara.

—Mira, Nela, me siento en la obligación de contártelo. Le has empezado a caer mal a Casil. Hoy estábamos hablando, y me ha dicho que tú eres la tía más egoísta y creída del colegio.

—¿Qué? —ha exclamado una Nela petrificada y dolida.

—Sí. Casil me ha contado que aunque sois buenas amigas y eso, tú siempre te crees la más guay. Dice que siempre usas su ropa, y que luego te la quedas meses y meses como si fueses cleptómana. Está harta. Casil me ha hecho jurar que no se lo diría a nadie, pero yo, la verdad, creo que debes saberlo.

Nela solloza abatida y se lía a puñetazos con los almohadones del sofá.

—¿Por qué? ¿Por qué tiene Casil que decir esas cosas horribles de mí? Todos los chicos ya se habrán enterado. ¡Dios mío! ¿Qué hago yo ahora?

No sabe vivir sin la admiración incondicional de una íntima amiga. Según Nela, Casilda es una mentirosa, una cerda, una cobarde, la odia.

—No pienso volver al colegio. No pienso —solloza destrozada.

La amenaza me deja preocupada. Intento calmarla, explicarle que el comentario es fruto de una cruel patraña, que probablemente la tal Tamara es una persona bastante insegura...

—¿Qué dices? —interrumpe ofendida, incrédula, hosca—. Tú no entiendes nada. Tamara es la tía más *sensual* del colegio. ¿Es que no te das cuenta?

Me asombro por el vocablo que dirige a la enemiga. Yo, en su lugar, a su edad, en su situación, hubiese utilizado términos tales como «fulanorra», por poner un ejemplo.

Nela ha cogido carrerilla y disecciona la personalidad de su rival poniendo los ojos pequeños. Por lo visto, cuando come, los labios de Tamara acarician el cubierto y, además, masajea a cámara lenta el borde del vaso. También lame con ostentación los bolígrafos y, cuando se le cae un cuaderno al suelo... eso es lo peor. Tamara lo recoge de una manera obscena.

—¿De verdad? —pregunto impresionada.

—Sí, parece medio ninfómana —declara convencida.

Me quedo boquiabierta. A la hora de insultarse mutuamente, mi Nela y sus colegas escogen terminología digna de un catedrático de psicopatología. Estoy horrorizada de que mi hija maneje ese vocabulario con tanta soltura.

—¿Sabes lo que quiere decir eso?

—¿Ninfómana? ¡Claro! ¿Qué crees? —responde altiva. E, inmediatamente, da por zanjada nuestra conversación.

—Oye, tengo que llamar —informa.

Nela se adhiere al auricular y colapsa el teléfono con su drama particular. Llama a S y a D para que expliquen a L y a V que no sé quién de la otra clase asegura que Tamara va contando por ahí que Casil practica ejercicios vaginales cuando espera al autobús.

A la una y pico de la madrugada el chorreo telefónico parece haber acabado, pero no. Es Casilda, cuajada de estupefacción y dolor por las noticias de última hora. Aborrece a Tamara, es una guarra; jamás piensa volver a hablar con ella. M la ha llamado diciendo que B se ha enterado de que, por culpa de Tamara, todos los chicos del colegio comentan que...

Mi niña escucha y sonríe de lado. Son más de las dos de la madrugada cuando, por fin, pletórica de triunfo, cuelga el teléfono.

Los preparativos del viernes

Estamos a viernes, y hoy toca deambular por donde deambula todo el mundo. Nela regresa del colegio con el rostro encendido. Arroja los libros en la entrada y casi no me saluda. El tiempo apremia, tiene que aprovechar cada segundo antes de que sea demasiado tarde. Está ansiosa a causa de las mil llamadas que tiene que hacer. Se desparrama sobre el sofá e, inmediatamente, el auricular se convierte en una prolongación de su mano.

—Van a venir todas mis amigas. Nos vamos a vestir y a maquillar aquí —anuncia sin pedir permiso ni nada.

—¿Cuántas amigas son *todas*? —inquiero temiéndome lo peor.

—No sé, unas siete más o menos.

Tiemblo. La mente se me atiborra de peliagudas imágenes. Veo chicas histéricas que arrasan la pulcritud de mi hogar; vaticino montones de ropa por el suelo; vislumbro churretones de maquillaje en todas mis toallas. Me espanto.

—¿Y los chicos? —pregunto inquieta.

—Han dicho que también vienen. He tenido una idea bestial. Voy a pedir unas pizzas y así pueden comer en el salón mientras nosotras nos vestimos en mi cuarto.

Me opongo rotundamente a esta genialidad de pronóstico fatal. Nela chasca la lengua fastidiada y se ve en la obligación de repetir las llamadas para deshacer la última parte del plan. Al cabo de un rato interminable descubro que entre todas han decidido dar plantón a los chicos. Deambularán prescindiendo de su compañía. Los compañeros de clase son, por lo visto, un estorbo.

—Si vamos con ellos no podemos ligar —explica Nela airada, pavoneándose.

A las seis y media comienza a congregarse un séquito de colegas en el dormitorio de Nela. Oigo risas nerviosas, saltos, golpes, profusión de aspavientos. La música retumba indómita, sin ningún tipo de miramiento hacia los sufridos vecinos del piso de abajo. Cualquier día nos denuncian. La cuadrilla de Nela trina y corea la letra de todas las canciones a grito pelado. Las paredes se vienen abajo cuando uno de los cantantes dice *you sexy thing*.

Los nervios de Javi estallan, pobrecito mío. La histeria de las chicas ha invadido también su dormitorio. Mi niño se refugia en el salón y ahora mira discretamente la televisión.

Antes de salir, Nela y su manada de amigas irrumpen en mi cuarto. Por su culpa no podré volver a concentrarme en el tocho que intento leer. Se plantan ante mí la mar de ufanas, exhibiendo una indumentaria capaz de turbarme hasta el tuétano. Jamás antes había visto minifaldas tan cortas, pelos tan cardados, párpados tan azules, escotes tan grandes, ombligos tan bien colocados. Tamara ostenta un falso tatuaje en la cintura. Casil se ha encaramado en unas zapatillas deportivas con plataformas grotescas y monstruosamente grandes; su madre fallecería de la impresión. Nela se ha puesto un pendiente en la nariz; al ver cómo se me eriza el pelo me explica que es de mentira y que, precisamente por eso, aprieta un montón. No sabe cuánto tiempo podrá aguantarlo; infeliz. Me anuncian que regresarán en metro a las once. Sugiero entonces que las once es un poco tarde para... la niña no me deja terminar.

—¿Por qué siempre eres la única que pone pegas? Ninguna madre es tan palizas como tú. Todas mis amigas tienen permiso hasta las once —interrumpe brusca, disgustada.

Como es habitual en ella, se precipita y equivoca. No ha entendido que yo sólo prohíbo la vuelta en metro a tan altas horas. En absoluto pretendo impedir su vagar por las calles. Una vez más, Nela asocia a su madre con un alto mando de la Inquisición.

Decido no inmutarme. Los Asesores me han explicado mil veces lo importante que es no desviarse del objetivo final con inútiles discusiones. Así que mantengo una mirada firme, directa, fría, y me impongo como taxista eventual. Iré a buscarlas a las once, no hay otra opción.

—Bueno, pero ni se te ocurra salir del coche. Ni se te ocurra aparcar justo delante. Tienes que esperarnos en la calle X.

Nela adora pronunciar la última palabra. Me exige aguardar en una siniestra esquina bien apartada del bullicio; me obliga a perderme el placer del espectáculo.

—De acuerdo, pero como os retraséis un solo minuto pienso salir del coche. Te llamaré a gritos, arrasaré las calles, chillaré, y todo el mundo sabrá que soy tu madre y que estoy tarada —anuncio severa. Noto cómo un escalofrío recorre el cuello de Nela. Una amenaza terrible, la que acabo de hacer.

Muy seria da media vuelta; sus camaradas la imitan. Se encaminan en silencio hacia la puerta, las alzas de sus tacones aporreando el suelo, las melenas al viento, los pescuezos, brazos y ombligos a la intemperie. Estamos en febrero, pero eso no importa. El vagabundeo por las calles, el encuentro con media humanidad adolescente, el pronóstico de muchos ligues en potencia, las emociones y los miedos encontrados... todo hace bullir la sangre de estas chicas, como si de un sistema de calefacción natural se tratara. En tales circunstancias, ¿cómo oso sugerir una triste chaqueta?

Miro el reloj. Suspiro. Allá voy: tres horas y media de intranquilidad, angustia, sospecha, alarma... y eso que, según informan otros sufridores más experimentados, no hemos hecho más que empezar.

Evasivas

Viernes otra vez. Nela presenta un espíritu lóbrego tras cinco días seguidos de colegio. Necesita un antídoto. Ella y su cuadrilla de amigas planean salir a peinar las calles en busca de un montón de ligues que les devuelvan la alegría de vivir. Como de costumbre, se muestra especialmente ambigua cuando solicito información. Sus planes se circunscriben al azar; no puede explicar exactamente dónde estará ni con quién.

—He quedado con Casil en la parada del metro y luego vamos hasta la parada de T y V para ir al portal del novio de M que conoce a no sé quién que, a lo mejor, organiza algo.

—Y ¿puedes concretarme, más o menos, en qué lugar de la ciudad tendrá lugar ese cúmulo de actividades tan confusas?

—No sé. Javi está en clase de la hermana de alguien que lo sabe.

Como es de esperar, Javi no está en casa ahora. Imposible averiguar de qué demonios habla Nela. Exijo indicaciones más precisas o de lo contrario no irá a ningún sitio.

—Te llamaré por teléfono en cuanto llegue allí y te contaré dónde estoy. Te juro que lo haré.

Eso mismo dijo la semana pasada, pero mil imprevistos conspiraron contra su buena disposición y no cumplió su promesa.

—Ya no cuela, querida. Quiero la información ahora.

—Te lo juro, porfa porfa, llamaré en cuanto llegue, te lo juro...

—¡NO! —exclamo haciendo grandes esfuerzos para no gritar.

Nela chista agria; se ve en la obligación de interrogar a media humanidad para satisfacer las exigencias caprichosas de su horrible madre. V informa que H dice que todo ha sido una falsa alarma. M ya no sale con su novio y nadie organizará nada. Todo el mundo ha quedado en la calle, como siempre.

—No hace falta que vengas a buscarnos hoy —advierte Nela haciéndome un gran favor—. Un hermano de Tamara nos traerá en su coche.

—¡Un momento! No sabía que Tamara tuviese un hermano.

—Bueno, ya, es que es un amigo muy amigo. Tamara le trata como si fuese su hermano —explica haciéndose la mundana. Pero yo no cedo. Ya tengo suficiente con los peligros que depara el viaje de ida. El regreso ha de ser inatacable y organizado. Su padre y yo iremos a buscarla.

Sale encantada de la vida al encuentro de la humanidad. Se reúne con sus camaradas en el metro y juntas se dirigen hacia un lugar donde cada viernes se congrega una compacta masa adolescente. La calle queda invadida por un hongo viviente que bulle insolente; se propaga, bebe, ríe, queda o desqueda, pintarrajea las paredes y hace saltar las alarmas de los coches para tortura e irritación de los sufridos vecinos.

A las once Nela acude al coche.

—¿Podemos llevar también a Casil y a Tamara? resulta que el amigo muy amigo no las ha mirado a la cara por considerarlas unas niñas pijas y pequeñas.

—Es un cerdo —dice de él Tamara.

Mientras regresamos a casa, intento sonsacar alguna información haciendo uso de sutilísimas estratagemas. El padre de Nela se aferra al volante e intenta pasar lo más desapercibido posible.

—¡Qué divertido! —exclamo esforzándome por parecer muy jovial a la par que juvenil.

Me cuentan que se han topado con una manada de alumnos del instituto X. Al parecer los desconocidos les han hecho un caso inmenso en cuanto las vieron aparecer.

—Flipaban mogollón —canturrean a coro.

Las tres amigas están más emocionadas que un delfín en un aguapark. Necesitan compartir su algarabía absoluta. Sin darse cuenta me abren sus corazones de par en par y, de paso, me abren las carnes.

—¿Cómo se han acercado a vosotras? —se me ocurre preguntar.

—Pues como siempre. Ha sido guay —comenta Nela.

—Sí, tía, pero tú les has gustado más —añade Casilda.

—No, tía, ¡de qué vas! A la primera que han pedido rollo ha sido a Tama.

Noto cómo el padre de Nela se queda tieso. Yo también. Esta terminología es nueva para nosotros. Sospechamos turbias connotaciones sexuales.

—Enhorabuena Tama —miento estratégicamente con el fin de saber más.

—¡JA! El de ella era peor que un chorizo con pelos —salta Nela.

Un estrépito de carcajadas asola el interior del vehículo. Yo hago que río también y me intereso por cómo ha salido Tamara de tan horrible trance.

—Pues le he dicho «¿de qué vas?», y se ha ido a pedir rollo a otra —cuenta ufana.

Estoy espantada. Nela y sus amigas viven en una sociedad caracterizada por la agonía del ritual de seducción. Lo encuentro francamente deprimente; pero ellas se mantienen fascinadas con los mastuerzos que acaban de conocer. Por lo visto, el pasatiempo favorito de esta nueva cuadrilla consiste en falsificar carnets de identidad para colarse en discotecas de moda. Ya han quedado para seguir sus instrucciones la semana que viene. Apenas pueden soportar la espera.

Discotecas

Nela y sus compinches llevan maquinando un plan peligrosísimo toda la semana. Con sólo quince años, intentarán colarse en una discoteca de moda. Los Extraños de la Calle se jactan de hacerlo continuamente. Por lo visto, la puerta de la discoteca en cuestión está protegida por dos orangutanes que, en sus ratos libres, practican el lanzamiento de martillo. Uno de ellos participará en el próximo campeonato de Europa. Burlar a este par de bestias constituye una de las atracciones más apasionantes del programa; se trata de una proeza que exige ingenio, habilidad, valentía... y alguna que otra condición.

—Sólo hay que cambiar la fecha de nacimiento en el carnet de identidad, y ya te dejan entrar sin mirarte ni nada —suelta la incauta de Nela.

Mi hija está excitadísima. En ningún momento se ha parado a pensar que incurre en un delito de falsificación de documento público. Pretende seguir al pie de la letra las instrucciones criminales que le han suministrado los Extraños.

Estoy tan horrorizada que me armo un lío y, en lugar de vetar rotundamente sus aspiraciones a delincuente —como sin duda harían mis Asesores—, exijo a Nela que me detalle los pormenores del acto delictivo.

—Sólo hay que hacer unas cuantas fotocopias en la trastienda de un sitio —informa entusiasmada, pavoneándose.

—¿Dónde? ¿Cómo?

Nela cambia la expresión. No puede explicarse de forma calmada y paciente. Todo lo que dice ha de ser comprensible instantáneamente. Ahora se nota torturada por una madre más lenta que una morsa con tacones. Apenas puede soportarlo.

—Me odias. No te fías de mí —clama agria.

—No querida, no te odio en absoluto. Simplemente pregunto.

—Pues ninguna otra madre pregunta tanto como tú. Todas dicen «qué bien» y dejan a sus hijas en paz.

Lanzo una mirada lo más dura posible.

—¿Por qué me miras de esa forma? ¿Por qué siempre pones unos ojos, así, como de crítica? Te crees superior —Nela sólo ve la paja en el ojo ajeno.

Estoy a punto de decirle cuatro cosas, pero mis Asesores me han explicado un trillón de veces lo peligroso que resulta desviarse del objetivo final; así que hago un esfuerzo inaudito y mantengo la boca prieta.

Mi silencio envalentona a Nela. Pone cara de víctima y me ametralla con un discurso de lo más altanero.

—Yo tengo mi propia vida y, para que te enteres, hay cosas que son importantes para mí. Salir con mis amigos es importante para mí; bailar en discotecas también es importante para mí; sin embargo, fisgar en mi vida íntima sólo te importa a ti. Ya sabes cuánto odio tener que explicarte mil veces todo, lo sabes, pero tú para fastidiar vas y me obligas a decirte exactamente cada cosa que hago y por qué la hago. Me tratas como a una enana nauseabunda. Ninguna de mis amigas tiene una madre tan desconfiada como tú; ninguna.

Una vez más, Nela demuestra una habilidad pasmosa a la hora de salirse por la tangente. Es muy diestra con el manejo de la aguja de marear. Cree que terminaré olvidando el motivo inicial de la discusión. Pero se equivoca, porque yo voy conociendo poco a poco sus viles artimañas y ya las sorteo incluso con cierto garbo. Así que me limito a pronunciar gélidamente:

—Observo que lo has entendido maravillosamente bien. ¡Qué hija más inteligente tengo! De modo que, o me explicas exactamente en qué consiste el tema de la discoteca o no te moverás de casa en todo el fin de semana.

Nela necesita sentarse; jura que prefiere vivir bajo un puente antes que permanecer con una madre que la trata tan rematadamente mal. Pone cara de tener ofendido hasta el páncreas. Yo sigo en mis trece: pido el nombre de la discoteca, su dirección, y exijo detalles sobre la falsificación. Nela pone los ojos en blanco. De pronto parece inmensamente aburrida. Desea acabar cuanto antes. Recita a toda velocidad una retahíla de datos y de personas que también frecuentan el lugar. La lista es interminable y se compone principalmente de casi toda la gente que yo conozco.

—¿Tienes ya suficiente? ¿O acaso mi comandante desea más información? —suelta ácida.

Me hace gracia, no puedo remediarlo. Mi leve sonrisa desata su histeria.

—¡¡¡Te chifla humillarme!!! No puedo creerlo —aúlla como loca.
—Falta lo de la falsificación —corto enseguida.
—Tama se va a ocupar; ella conoce a uno que sabe dónde se hace. Yo no sé nada. Sólo tengo que

pagar dos mil pesetas. Eso es lo que vale. No sé nada más.

Ahora Santa Nela Bendita es una pobre inocente que se deja arrastrar ciegamente por la bribonería del hampa. Exijo hablar inmediatamente con Tamara.

—¡NO! ¡No te metas! —solloza aterrorizada mientras tira con rabia de mi mejor jersey. La tensión es demasiado fuerte; noto que ambas estamos exhaustas. Intento llegar a un acuerdo y dejo que Nela llame a Tamara. Oigo cómo protesta el teléfono; Nela se lamenta a moco tendido de la desgracia que supone tener una madre tan horrible como yo.

—La madre de Tama quiere hablar contigo —anuncia glacial pasándome el auricular.

Contrariamente a lo esperado, la mujer parece sensata y seria. Es anestesista y su marido ingeniero. Se ha informado detalladamente acerca de la discoteca y afirma que se trata de un lugar bastante seguro. No hay drogas. Los alumnos de un colegio respetable frecuentan el lugar. El acceso es estrictísimo: los orangutanes de la puerta echan sin compasión a todo aquel que vaya tatuado y desaliñado. Un amigo de la familia maduro, universitario, se ha ofrecido para acompañar a las niñas. Ella las llevará e irá a buscar personalmente a una hora prudente.

—Además, ¿para qué vamos a engañarnos? Yo

creo que bailar es muy divertido. Tamara lo hace constantemente en su cuarto, por tanto, ¿qué más da que baile también en una discoteca? —argumenta la señora pausadamente. Lleva la profesión en la voz.

Después de grandes titubeos, termino accediendo. Nela está pletórica.

—Eres una madre guay. Te quiero, eres guay —canturrea y me zarandea. Acepta mis severas condiciones y requetejura que no fumará ni beberá.

—Eso no pienso tolerarlo. Espero que no me decepciones —advierto contundente.

Telefonea a media humanidad para comunicar la buena nueva y luego se va a la cama dando saltos. Mañana es el gran día y Nela se siente inmensamente feliz. Mientras tanto, yo no consigo pegar ojo. Sé que mañana pasaré un rato angustioso; permaneceré alerta y dispuesta a llamar a la policía o a arrasar el lugar de perdición en persona. Si en realidad me preocupa tanto la idea, ¿por qué me dejo arrastrar tan fácilmente? Quizás sea porque, a su edad, yo también me colé en una discoteca. Recuerdo que me maquillé todo lo que pude para aparentar diez años más y que bailé como una posesa; claro está que no se me pasó por la cabeza falsificar la documentación... ¡Ay, Dios mío! ¡Lo he olvidado por completo! ¿Se habrán enterado la anestesista y el ingeniero de que nuestras hijas son delincuentes en potencia?

Javi y su amiga la vecina

La hija de los vecinos, que es muy mona, mantiene una caprichosa relación con Javi desde que ambos eran bebés. A veces decide ser su amiga; otras, huye despavorida en cuanto detecta su presencia. En ocasiones aporrea nuestro timbre a las ocho de la mañana y, sin dejarle apenas tiempo para ingerir el desayuno, le organiza un partido de tenis. Otras veces, en cambio, encuentra contrincantes más graciosos y no desea que Javi asome la nariz por la pista. Hay días en los que le persigue para ir al centro comercial, y días en los que se niega rotundamente a aparecer en público a su lado.

Mi niño no hace nada para merecer tales alteraciones de conducta. Las súbitas deferencias y desplantes de la hija de los vecinos dejan a Javi atónito, sin defensas. El pobre jamás sabe a qué atenerse. Ella, que es un año mayor, alienta o destruye las ilusiones de mi chico a capricho, y él, en lugar de reaccionar, acata los antojos y veleidades de la nena con total sumisión.

De pequeña, la hija de los vecinos utilizaba sus armas seductoras o arrojadizas en el parque, cuando decidía compartir o no la pelota, el triciclo o el columpio. Pero ahora vapulea a Javi con utensilios más sofisticados.

—A lo mejor me invita a una fiesta —anuncia jocoso.
—¿Cuándo?
—Hoy. En su casa. Empieza a las ocho y termina a las doce.

Me sorprendo. Es jueves, y mañana hay colegio; Javi no puede acostarse tarde. Además, mamá-vecina es una maníaca de los brillos que pasa toda la vida limpia que te limpia como una posesa. ¿Cómo es posible que, de pronto, exponga el resplandor de su tarima a los pisotones salvajes de una pandilla onceañera? Decido no preguntar. Un día es un día. Intento mostrarme animada, liberal y bien dispuesta:

—¡Qué bien! Tu primer guateque.

Javi cambia la expresión. Curva el labio superior como si oliese mal.

—Ajjj —espeta.
—¿Qué pasa?
—¿Por qué siempre dices esa macarrada?

—¿Qué he dicho?

—Guateque... Uy, qué diver, voy a rocanrolear a un guateque —Javi me imita saltando de una forma bastante amanerada—. ¡Menuda tochería! —concluye despectivo.

—¿Y cómo quieres que lo llame?

—Una fiesta —responde contundente y seguro cual catedrático de lingüística.

—Perdona, querido, pero el término fiesta es demasiado genérico. Cuando te invitan a bailar a una casa, te están invitando a un guateque, para que te enteres...

—¡BAILAR! —Javi ríe a grito pelado y me señala mientras se mofa en mis narices.

Todo el plan se descubre. Resulta que los padres están de viaje. Un pobre abuelo ha quedado al cuidado del resplandor del suelo y de la niña, anfitriona de la fiesta. Por lo visto nadie piensa bailar. La hija de los vecinos ha explicado que menear el cuerpo en las casas es una costumbre anclada en los años sesenta; algo muy cutre, vetusto.

Descartado el bailoteo, la fiesta consiste en jugar a las tinieblas con música a todo volumen. El oscuro sarao quedará ambientado con acordes de grupos marginales que ostentan nombres patibularios tales como Barrikada, Los Siniestros o Cojón Prieto. Me espanto. Javi explica entonces que Cojón Prieto, concretamente, mola mazo y se escribe con K. Un alivio.

Telefoneo a la casa de los vecinos. Espero encontrar a un abuelo preparado para lo que se le viene encima, pero no. El hombre se emociona al saber que existe una madre desesperada como él. Me confiesa su turbación infinita. No sabe cómo sabotear el terrorífico plan. Me cuenta que, en estos momentos, la nieta se pavonea por toda la casa vestida y maquillada como una vampiresa. Ya ha eliminado todas las bombillas; desea alumbrar algún que otro rincón con una vela. Asegura que tiene permiso de sus padres y que no es la primera vez que celebra una fiesta de tales características. Los progenitores están perdidos en Namibia, nada menos. La niña ignora los ruegos de su abuelo y el anciano no sabe a qué atenerse.

Por lo que se ve, la muy pícara no sólo zarandea las ilusiones y planes de mi Javi; también manipula a capricho la autoridad de su pobre y sufridor abuelo.

He sentido por ese hombre una compasión inmensa y me he asociado a su campaña. Javi está en el salón y mira la televisión un poco mustio. Esta vez, el antojo de la hija de los vecinos no contará con la participación de mi niño.

Angustiosa situación

Los pasatiempos nocturnos de Nela coartan todas mis veladas del viernes y sábado. Adiós a los cines, teatros y cenas con amigos; cuando Nela baila, yo no hago planes. Sé que a otros sufridores les ocurre lo mismo. Cada vez que voy a buscar a mi hija a la salida de alguna discoteca, puedo ver a mil padres esperando pacientes que sus niños terminen la juerga. Como no se nos permite hacer acto de presencia en la puerta del lugar de perdición, todos nos amontonamos en una esquina estratégica desde la que apenas podemos distinguir cómo y con quién salen nuestros hijos.

Pero hoy he visto el cielo abierto. Mi amiga X me ha invitado a cenar a su casa. Su hijo también frecuenta discotecas, lo cual nos ha permitido diseñar un plan perfecto: nuestros niños se encontrarán y regresarán juntos en un taxi.

Mi hija y este chico se conocen desde tiempo inmemorial, pero tuvimos mala suerte: él se enamoró de Nela a los seis años. Desde entonces, ella le trata con profunda desconsideración.

—Es un asqueroso, un perdedor —dice en cuanto oye su nombre.

El pobre muchacho no ha hecho nada para ostentar tales títulos. Es más, ahora ni siquiera mira a Nela con cariño; pasa olímpicamente de ella y centra su atención en sacar tantos sobresalientes como puede y en ser admitido en el equipo de fútbol de su colegio; pero Nela sigue, erre que erre, y echa pestes de él.

En cuanto se entera del plan, monta en cólera.

—¡Yo con el psicópata no voy a ninguna parte!

—Sin el psicópata no hay discoteca —advierto firme y más fría que el hielo. Pero a Nela le chiflan los combates lingüísticos y se esfuerza por estropearme la noche.

—Pues entonces, no pienso volver en taxi. Eso es de pijos, ¡qué asco!

Nela considera que los pijos son los seres más abyectos que existen sobre la faz de la tierra. Cada día me sorprende más, ¿qué verá cuando se mira al espejo? Resulta que ella se desvive por la ropa de moda, sueña con tener una moto, pide un teléfono móvil cada vez que abre la boca, pero, por lo visto, la imagen que tiene de sí misma es la de una joven de los arrabales.

Tras duras negociaciones, ambas llegamos a un acuerdo: volverá a casa en taxi, pero no quiere ir sola con el psicópata de los sobresalientes; Nela exige que la acompañen tantas amigas como quepan en el coche.

La cena transcurre distendida y feliz cuando el hijo de X regresa de la discoteca. Mi amiga va a su encuentro e intercambia con él algunas palabras. Luego regresa al salón, pálida.

—Tranquila, seguro que no ocurre nada; tranquila —me susurra agarrándome por los hombros.

Su hijo no ha visto a Nela en toda la noche. La ha buscado en la pista, entre los sofás, en el baño. Nada. Al cierre de la discoteca, estuvo mirando por la calle, pero la bendita niña se había esfumado.

La cena se me atraganta y corro al teléfono. Suena durante un siglo, al final Javi responde medio dormido.

—¿Nela? No, aquí no hay nadie. Se largó a las nueve, ya no sé nada más —me informa el niño con voz pastosa.

Intento telefonear a todas las amigas de Nela, pero con los nervios se me ha quedado la mente en blanco y no recuerdo ningún número. Así que dejo a los anfitriones e invitados con la cena empantanada y vuelo a casa con un nudo en la garganta. Antes de salir, todos me aconsejan no gritar demasiado cuando vea a la niña, si es que la veo.

—No hay nada peor que perder el control —me repiten—. Es joven, seguramente se le habrá ido el santo al cielo.

Cuando encuentre a Nela pienso bajarle el santo a tortas para que se le quiten las ganas de repetir el paseo celestial. Conduzco como una lunática, saltándome los semáforos y mirando todas las aceras por si veo algún rastro de mi hija. ¿Dónde se habrá metido esta mocosa? En el trayecto pienso varias veces en las últimas noticias sobre chicas asesinadas. Las lágrimas se me agolpan en los ojos; estoy descompuesta, con el corazón desbocado y la lengua seca.

Llego a casa como un rayo enloquecido. Mi estado es deplorable. Cuando me dispongo a alertar a toda la Policía Nacional, de pronto, diviso a Nela justo delante de nuestro portal. La alegría que siento por saberla a salvo queda ennegrecida por la visión que tengo ante mis ojos: un tipo rubio al que no conozco la trae en moto. Conduce como un pirado; le he visto tomar la curva de una forma muy peligrosa, inclinándose mucho y sin aminorar la marcha. Mi niña se ha tenido que agarrar a él con todas sus fuerzas. Ahora se han detenido en la acera, delante del portal, y Nela desciende del asiento trasero. Lleva el pelo chorreando y va vestida con unos pantalones ridículos tres tallas mayores que la suya. Parece un espantapájaros sonriente, se nota a la legua que está encantada de la vida.

—La mato —pienso fuera de mí.

En cuanto baja de la moto, Nela devuelve amorosamente el casco al maromo que la conduce. Él agarra a mi niña por la cintura y le arrea un besazo en toda la boca.

Salgo del coche como una tromba. Mando a freír espárragos los consejos de los Asesores. Adiós calma, adiós educación, adiós.

—¡¡¡DÓNDE TE HAS METIDO!!! —grito completamente descompuesta—. ¿Y POR QUÉ DEMONIOS VAS EN MOTO CON UN DESCONOCIDO?

El desconocido me mira boquiabierto; noto que el casco le tiembla ligeramente entre las manos.

—Ya se lo dije a Javi. Quedó en llamarte para explicártelo todo. Me dijo que lo haría —advierte Nela.

Es la Reina de la Calma. Intenta guardar la compostura frente a una demente peligrosa como yo. Con un control que me alucina, la maldita niña me lo explica todo:

—A nadie le apetecía ir a la discoteca; todos hemos ido a bañarnos a la piscina que está en la azotea del hotel M. Ha sido guay.

—¿¿¿QUÉ???

—Sí, han creído que éramos clientes —suelta cada vez más extasiada—. López ha tirado las sillas de plástico dentro del agua, luego las amontonó en el centro para hacer una torre con ellas. Todos hemos saltado desde lo alto; ha molado mogollón. Casil se ha resbalado y todas las sillas se le han caído encima. Luego vino el guarda de seguridad y tuvimos que salir corriendo. Todos agarramos la primera ropa que encontramos y nos vestimos a toda prisa en las escaleras; se me han perdido los zapatos y ahora Richi me ha traído para que no vuelva sola.

No me había dado cuenta de que Nela está descalza. Como el pantalón que lleva es muy largo, mi niña ha introducido sus delicados pies dentro de las perneras, que usa a modo de zapato. Tampoco es suya la camiseta churretosa, de color negro y con una siniestra calavera en la espalda. Una locura.

—¡NO TIENE GRACIA! —aúllo con el ceño fruncido.

No puede entender a qué viene mi ataque de histeria; para ella, todo es muy normal. Yo creo que está en la discoteca, pero ella cambia de opinión y se cuela en un hotel de lujo, destroza la piscina llenándola de sillas de plástico, pierde su ropa y zapatos, y ahora regresa protegida por escoltas con moto, que encima la besan ardorosamente. Yo debería estar entusiasmada.

Pero estoy atacada, descompuesta, se me ha indigestado la cena. Todavía soy una chalada furiosa y arrastro a Nela a casa. Ni siquiera puede despedirse del desconocido, que enseguida arranca su moto y sale pitando. En el ascensor Nela llora amargamente.

—¿Por qué has tenido que montarme una escena delante de él? ¡Dios mío! ¿Por qué? —gime.

—Has hecho TODO lo que tienes prohibido, ¡TODO! Y, además, me has mentido, traicionado, engañado...

—ESO ES MENTIRA. Yo se lo dije a Javi antes de salir. Él sabía que no íbamos a la discoteca. Le pedí que te avisara —ahora resulta que Javi es el culpable y Nela su víctima.

—¡Ah!, así que eres una pobre desgraciada que no sabe avisar en persona.

Se deshace en explicaciones: no tenía tiempo, no encontraba el número, no se dio cuenta, no... Cada vez que dice algo me pone más furiosa. Nela nota cómo se me hincha la vena del cuello, lo cual siempre ha sido una señal muy peligrosa. Naturalmente, la castigo duramente. No podrá salir el resto del mes.

—¡No puedes hacerme esto! ¡No puedes!

—TÚ ERES LA QUE NO PUEDES HACER LO QUE HAS HECHO HOY —aúllo con todas mis fuerzas. El ascensor rebota un poco. Nela se tapa las orejas con las dos manos y gime desesperadamente.

—Hoy ha sido la mejor noche de mi vida, pero has tenido que venir tú y lo has estropeado todo. Estás celosa, eso es lo que te pasa. Eres una aburrida. Me odias.

Nos metemos destrozadas en casa. Nela llora en el baño y yo estoy profundamente triste. Soy una gritona que pierde enseguida el control. Los Asesores estarían decepcionados. Debería haber castigado a mi hija serenamente, sin gritos ni dramas, y menos delante del mastuerzo de la moto. Bueno, esto último me alegra; en el fondo ha sido divertido verle salir a toda prisa.

Oigo a Nela en el pasillo; se acerca a mi cuarto, golpea suavemente la puerta y asoma su cara de ángel sonrojado:

—No lo volveré a hacer —asegura con una amabilidad que me pasma. Es la dulzura y sumisión personificada—. ¿Me perdonas?

No sé si está realmente arrepentida o persigue que olvide el castigo. Tendré que preguntar a otros sufridores con experiencia y ver lo que me cuentan.

La tiranía del cuerpo

El espejo

Nela se ha hecho adicta al espejo. Mi niña se encierra durante horas en el cuarto de baño, generalmente en compañía de algún aparato de música, y se adentra en las profundidades del cristal hasta sacarse los ojos. Sólo el sonido del teléfono, que las orejas de Nela perciben como música celestial, es capaz de sacudir el ensimismamiento hipnótico en el que se sumerge voluntariamente cada vez que observa la imagen que de ella expide el vidrio con mercurio.

—¿Es para mí? —pregunta a grito pelado desde el baño en cuanto oye el ruido glorioso de una llamada telefónica.

Si la respuesta es negativa, Nela rebufa decepcionada y vuelve a organizar un prolongado enfrentamiento con el espejo. Escruta el reflejo de su figura mientras ensaya diferentes posturas, bailes, muecas, atuendos, peinados, maquillajes y demás tramoya. Mi niña jamás se lanza al encuentro de sus colegas sin antes inspeccionar en el cristal, con ahínco tozudo, cada centímetro de su aspecto físico. La información que escupe el espejo constituye su bastón principal; apenas se atreve a moverse por el mundo exterior sin su colaboración. Para Nela, la mirada del cristal es idéntica a la mirada de los demás. Según Nela, la humanidad entera se oculta tras el mercurio. Todo lo que atisbe el espejo será también atisbado con ojo avizor por el séquito de camaradas y enemigos de mi niña.

Sin embargo, entre el espejo y los espectadores humanos hay una diferencia que mi Nela se niega a aceptar. El informe aséptico e imparcial que emite el primero no siempre coincide con el que perciben las pupilas de mi hija. La imagen que Nela distingue de sí misma en el cristal suele ser tirana y opresora. Con frecuencia, la niña aprecia en su reflejo una serie de atributos horripilantes que nadie advierte excepto ella, que la turban en demasía y que, como consecuencia, terminan por crispar la paciencia infinita de su madre, que soy yo.

—Mamá, ¿dónde has metido mi top negro? —chilla desde el baño; el suelo oculto bajo capas y capas de ropa que Nela se ha probado.

—Está en la lavadora.

—¿Quééé? —grita estupefacta, incrédula en extremo.

—Lavándose. Mojado. Inundado de jabón. Imposible de usar —confirmo tajante, en un intento desesperado de zanjar la tormenta que barrunto.

—¡No! —clama espantada—, ¡DIOS MÍO! ¿Por qué?

—Olía a sobaquina.

—¿Y qué me pongo yo ahora? —gime desesperada ante la pila de camisetas, tops, chaquetas y demás vestimenta desechada cubriendo el baldosín inferior del alicatado.

—Puedes ponerte el azul que compraste la semana pasada.

—No. El azul es horrible. Me hace pechiplana.

—Bueno, pues entonces usa el blanco.

Nela abandona el baño e irrumpe a zancadas en mi cuarto. El pelo chorreando, los pies introducidos en sus botas de montañero, el torso envuelto en mi toalla preferida, los brazos en jarras.

—¿Estás loca? —espeta iracunda—. Ya lo sabes, mamá, lo sabes perfectamente; sabes que el top blanco me hace cuelligorda; sabes que tengo un mierdero pescuezo de morsa obesa que he heredado de papá; sabes que SÓLO puedo usar el top negro. ¡Dios mío! ¡Lo necesito AHORA!

—Mira, Nela, no puedo creer que te siente bien una sola cosa cuando tu armario está a punto de reventar.

—¡Qué graciosa! —vocea bravía—. ¡Cómo se nota que no eres tú la que tiene el culo gordo!

Resoplo y hago grandes esfuerzos para no modificar la paz de mi talante. Pero Nela sabotea mi buena disposición. Me arrastra hacia el interior del baño, los labios apretados, obcecada la mirada. Se planta entre un revoltijo de ropa, pinzas de pelo, zapatos, un secador y varios ejemplares de ropa interior; señala al espejo y ordena autoritaria:

—¡Mira!

—¿El qué?

—El culo. Lo tengo blando y bajo.

—Yo no te veo nada, querida. A mí me parece que estás muy bien.

—Bueno, a lo mejor tú no lo ves, pero yo me he estado fijando y te lo aseguro. Soy paticorta. Tengo los muslos enormes y la cara fofa. ¡Mira!

El ladrón de mi armario

Yo nunca he destacado por el estipendio en el vestir, lo reconozco. La ropa me ha interesado, digamos, lo imprescindible; siempre la he considerado como un molesto asunto al que no hay más remedio que atender de vez en cuando. Por eso no me explico de quién habrá heredado mi hija esa pasión indómita por la vestimenta y el calzado. Nela entra en las tiendas como en el paraíso. La ropa es su opio. No sabe vivir sin estrenar a menudo un modelo distinto. Se pasa el día maquinando quién le va a prestar qué, cómo recaudar fondos para sufragar lo que ha visto en tal o cual lugar, y dónde comprar mucho al menor precio posible. Ella y sus amigas, que comparten esta afición, son auténticas expertas en la localización de gangas, y utilizan un vocabulario opulento a la hora de atribuir calificativos a las prendas.

—¿Has visto el pantalón que llevaba V? Era tochísimo, tía —oigo que comenta al teléfono.

Los términos pueden oscilar entre cutre, tocho, enrollado, molón, espeso, guay, pasada, popelín y flipón.

La devoción de Nela por la ropa me parecía, hasta ahora, inofensiva. Su padre y yo hemos procurado siempre no aumentar la paga sin una justificación razonable y jamás hemos cedido al chantaje del «necesito», al que Nela es muy proclive.

A causa de su permanente escasez económica, la niña se ha tenido que conformar con el intercambio frenético de vestimenta y maquillaje con sus camaradas. En casa aparecen continuamente tops, pantalones, abalorios y calzado de no sé quién, que Nela usa con devoción y devuelve con desconsideración al cabo de meses. Por supuesto, su propia ropa recibe idéntico trato en las manos ajenas.

Hasta ahí todo normal. Sin embargo, últimamente noto que desaparecen cosas de mi armario. El ladrón muestra una predilección pertinaz por mis medias negras, que se esfuman en cuanto las estreno.

—Nela, ¿has visto mis medias nuevas? —pregunto en tono respetuoso.

—No, yo no he visto nada —responde altiva sin quitar los ojos de la televisión.

—No las habrás cogido por casualidad, ¿verdad?

—¡Quién! ¿¿¿Yooo??? —por nada del mundo puede aceptar mi pequeña e inocente insinuación.

Además de medias, también he echado en falta ropa interior, dos camisetas y un maravilloso jersey rosa que compré en las rebajas de una marca prohibitiva. Al principio no he sospechado demasiado de la niña porque, desde que puso un pie en la adolescencia, se muestra especialmente crítica con mi aspecto. Nela vigila continuamente mi apariencia; lo hace con ojo avizor y no tiene recato alguno a la hora de informar a sus compinches acerca de lo mal que viste su madre. La semana pasada, por ejemplo, me arreglé un poco para visitar a una amiga. Aunque estaba adherida al teléfono, Nela clavó sus pupilas en mi persona.

—¡Socorro! —chilló—. ¡Tienes que ver cómo va mi madre! —informó al interlocutor tapándose la boca con la mano.

«¿Qué puede haberla escandalizado de esa forma?» me pregunté con toda la razón.

—¡No pretenderás ir así por la calle! No serás capaz —clamó mirándome como a un pingajo macabro. Apenas podía creer lo que veían sus ojos. Volvió a dirigirse al teléfono—: Es mi madre. ¡Qué horror! Lleva los pantalones demasiado cortos y ¡¡va enseñando los tobillos!!

Nela tiene puntos de vista muy exigentes respecto a lo corto o lo largo.

—Por favor, no uses esa falda tan horrible. Te llega demasiado abajo —dice con el labio curvo como si acabase de inhalar vinagre—. No pienso ir a tu lado si te vistes de esa forma. Todo el mundo te está mirando, ¡sepárate! —espeta, obligándome a caminar diez metros delante o detrás de ella, en especial cuando nos acercamos a una zona de peligro por la que quizás transite algún hipotético testigo, vecino de pupitre, que pueda explicar por todo el colegio la espantosa elegancia que gasta la madre de Nela.

Mientras mi hija critica y censura mi atuendo, resulta que un ladrón de gusto tan dudoso como el mío se dedica a asaltar mi ropero.

Ignoro hasta dónde hubiese llegado esta ola vandálica de no ser por una casualidad salvadora que ha resuelto el misterio. Nela y yo acudimos a una reunión que el colegio ha convocado con carácter urgente. El sufrido profesorado necesita el auxilio de todos los padres y desea explicarnos los pormenores de la cooperación solicitada. Nuestros hijos también estarán presentes.

Llegamos un poco tarde; el gentío colma la sala. En el centro de la multitud diviso el punto rosa de un jersey de marca maravillosa y prohibitiva. Concentro en él toda mi atención, los ojos se me abren de par en par, confirmo mi sospecha. Nela se percata.

—Por favor, mamá, no chilles —ruega desesperada.

—¿Puedes explicarme qué hace allí mi jersey nuevo? —grito en voz baja. Algunos padres nos miran. Nela está petrificada y pálida de vergüenza.

—Tú no lo comprendes. Tama tenía frío y fiebre. Se lo tuve que prestar —gimotea. Demuestra ser muy caritativa con la ropa ajena.

—Pues yo la veo perfectamente sana; así que ahora mismo vas y pides que me lo devuelva.

—¡No puedes hacerme eso! —está horrorizada, se medio desmaya contra una pared.

Yo mantengo firme el gesto y hago amago de armar un escándalo allí mismo. Tres filas de padres y alumnos observan nuestro extraño comportamiento. El chico más cotizado del colegio vuelve su rostro divino hacia nosotras.

Henchida de apuro, Nela se acerca a la destinataria del hurto. Tamara y su madre intercambian una mirada de hielo. Mi niña recorre el pasillo, vuelve con mi jersey en la mano y con el pelo sobre el rostro; la pobre sufre en silencio; implora desaparecer de la faz de la tierra. Algunos asistentes al acto comienzan a cuchichear mientras yo aguanto el tipo y despacho aires de triunfo.

Seguro que, a partir de ahora, el ladrón reflexionará dos veces antes de atreverse a ratear de nuevo el contenido de mi armario.

Desatino alimenticio

La abuela está preocupada con Nela.

—Esta niña es catastrófica; está en pleno desarrollo y ¡mírala! Parece un pájaro, come fatal —explica en tono de regañón.

La abuela goza de una salud envidiable. Siempre se alimentó de maravilla; fue pionera en el uso y disfrute de la dieta mediterránea y, además, de niña tomaba cereales para el desayuno, lo cual era toda una extravagancia en los tiempos que corrían. A sus años, la abuela está robusta y fuerte como un alcornoque; camina rápido, sube cuestas, viaja en metro y hace un siglo que no va al médico. Ella se lo achaca todo a la buena alimentación. Entiende una barbaridad.

—Las chicas de tu edad necesitan mucho hierro, calcio y proteínas —regaña a Nela—. Lo que comas ahora afectará no sólo a tu propia salud, sino también a la de los hijos que tengas en el futuro.

Nela mira a su abuela con el rostro impasible como un adoquín. No registra ni una sola de sus palabras. Ha decidido que tiene los muslos gordos y que la alimentación que propone la abuela sólo contribuye a ampliárselos más todavía. Ahora que Nela necesita nutrirse tanto o mejor que en ningún otro periodo de su vida, mi niña huye despavorida de todo aquello que la conviene. La abuela ha preparado un bonito encebollado que está para chuparse los dedos, pero mi hija lo mira con desdén. Sólo desea lechuga.

La vecina del octavo C, una eminencia en asuntos de cocina, me contó el otro día que está científicamente demostrado que las chicas adolescentes constituyen, junto con los indigentes, el grupo demográfico peor alimentado de España.

—¡Qué barbaridad! —exclamé impresionada al saber que mi Nela forma parte de este sector atroz. Además de comer mal, mi niña duerme poco y se mueve menos. Antes jugaba al tenis y montaba en bici; ahora se agota sólo de pensar en el aire puro. Únicamente las discotecas despiertan sus ansias de ejercicio físico. Nela rechaza cualquier costumbre que enriquezca sus defensas, en cambio, siente una pasión especial por todo lo que las destruye: fumar, acostarse tarde, respirar toxinas en lugares donde falta el oxígeno y comer fatal.

—¡Ajjj! Mamá, ya lo sabes: yo nunca desayuno —miente—. No me entra nada en el estómago a estas horas —Nela retrocede ante los cereales con leche que siempre le fascinaron.

Sus hábitos de desnutrición consisten en saltarse las comidas importantes, sobre todo el desayuno, y sustituir la fruta, la carne, el pescado y los huevos por cantidades ingentes de comida basura. Nada de lo que hay en nuestra nevera la satisface; los menús equilibrados que preparamos habitualmente la escandalizan; ella desea alimentos extraños que descubre en una revista para adolescentes y de los que nunca antes habíamos oído hablar:

—Mamá, tienes que comprar una cosa que se llama cola de caballo. Es buenísimo y muy diurético. ¡Ah! Y que no se te olviden las galletas de arroz inflado que te pedí el otro día —ordena altanera.

Ella y sus amigas coquetean con los regímenes alimenticios tanto como con los chicos. Intercambian recetas devastadoras con las que uno pierde grandes cantidades de kilos en tres días.

—Hoy sólo puedo tomar un melocotón y cuatro litros de agua —anuncia contentísima.

Tales descripciones vienen descritas en ciertas revistas para chicas, o se las proporciona alguna colega que las ha probado. Tras el régimen, la colega ostenta una imagen que da repelús, pero a Nela le gusta y sueña con adquirir lo antes posible una figura igual de famélica.

Mi niña se hace vegetariana cada dos por tres, lo cual significa ingerir únicamente pasta blanca con montones de queso rallado, o escarola o melocotón; nada de legumbres. Es muy estricta con las dosis y sigue al pie de la letra las instrucciones de la amiga o la revista.

—Puedo tomar tantos plátanos como quiera durante todo el día. Necesito que compres muchos kilos —me informa en tono irrebatible.

Luego, mientras ve la televisión, engulle distraídamente Doritos, galletas, palomitas y chucherías diversas. Los Asesores se llevan las manos a la cabeza:

—¿Por qué la dejas? Está arruinando su salud con esa horrible comida basura. Tú tienes la culpa —advierten contundentes.

Mi comportamiento les parece incoherente. Tienen razón.

A veces, siento tentaciones de agarrar un embudo y hacerle tragar cientos de comestibles saludables mientras duerme. Es duro para una madre ver cómo su hija se autodestruye con la naturalidad que Nela lo hace.

Sin embargo, los domingos tenemos suerte y nos salva la pericia culinaria de la abuela. Hoy nos ha homenajeado con espárragos trigueros a las tres salsas, dorada al horno con cítricos y, de postre, un delicioso carpaccio de manzana bañado en jarabe de arce silvestre. Una exquisitez. Nela ha sucumbido sin chistar.

—¿Puedo repetir? —pregunta refiriéndose al postre.

—No —ha dicho la abuela tajante. Me quedo pasmada. Estoy desesperada porque la niña se atiborre bien y mira tú por dónde la abuela no se entera.

—¡Porfa, porfa, porfa! —suplica Nela. Las ganas de llevar la contraria estimulan enormemente su apetito. Tiene la vista clavada en el jarabe de arce, no podrá resistir el resto de la jornada sin tomar tres o cuatro cucharadas más. La abuela hace como que se lo piensa. Al final transige. Nela se sirve una montaña de postre y, además, echa mano de tres lonchas de jamón ibérico cuyo plato hemos dejado estratégicamente olvidado sobre la mesa.

Ahora lo comprendo todo. La abuela es un lince, aunque no por mucho tiempo.

—Mañana empiezo el régimen —anuncia Nela mientras engulle alegremente—. Esto es de despedida.

Asuntos íntimos

Javi y las chicas de su clase

No sé si les he contado que mi Javi tiene once años. Hasta ahora era un niño muy mono, en serio, y yo sentía por él una mezcla de pena y turbación. Resulta que, desde hace algún tiempo, las niñas de su clase le miran con ojos de oveja sin lana; le acribillan a notitas; suplican que las acompañe al centro comercial los viernes por la tarde... pero mi Javi alucina ante tales propuestas.

El domingo pasado, sin ir más lejos, suena el teléfono a las siete y media. En esos momentos mi hijo se autodestruye con un videojuego.

—¿Ssstá Javi? —pregunta una niña en tono de ángel nervioso.

—¿De parte de quién? —digo con toda mi mala idea. Sé que no debo hacerlo. Sé cuánto odian mis hijos que controle sus amistades. Sé que esas amistades detestan que se les pregunte «de parte de quién» cuando llaman por teléfono... lo sé; pero la curiosidad me consume y actúo como si no lo supiera.

—De Moleño —miente la candorosa niña con voz trémula.

Aviso a Javi mientras sonrío de oreja a oreja. Acude arrastrando los pies, los ojos inyectados en sangre, exhaustos de tantas horas de lucha contra la videoconsola.

Agarra el auricular.

—Q'psssa, tío —dice lánguido.

Durante unos segundos el ambiente se torna denso. Todo es apuro y crispación. Javi resuella, expulsa el aire por las narices como un buey. Se nota a la legua que tiene más problemas que una ciega haciendo crucigramas.

—No puedo —dice al fin.

Silencio.

—Pues... porque... ssstoy en pijama.

Silencio.

—Vale.

Cuelga despacio, como temiendo recibir una descarga eléctrica.

—¿Quién era? —inquiero haciéndome la inocente.

—Una tía de la clase. Me ha preguntado si voy a dar una vuelta en el Ferrari 348 de su padre.

—Ya. Y dime: ¿desde cuándo la gente de once años se pone el pijama a las siete y media? —le humillo.

Se encoge de hombros. Si realmente hubiese llamado Moleño, Javi no habría dudado en aceptar la invitación, en congratularse por su buena suerte, en decir «jo, tronco, qué guay» o cosas por el estilo. En cambio, la deferencia de una chica le deja aturdido, indefenso, proclive a la utilización de excusas dignas de un lerdo.

Resulta que las compañeras de mi hijo exhiben en su mayoría formas y modos de mujer; se toman la libertad de hacer propuestas a los chicos, piensan en ellos, les hablan, escriben sus nombres en todos sus cuadernos... A su lado, mi Javi resulta enteco y más inocente que una canica.

Mi niño considera a las chicas como un molesto saco de trapos al que se puede derribar de una patada. Ellas no forman parte de la vida, ni tienen la más remota idea de cómo se divierte uno durante el recreo. En el patio del colegio, él aprovecha el tiempo y lo pasa maravillosamente con sus camaradas mientras, congestionados y sudando, se aporrean los unos a los otros. Las niñas, en cambio, van de dos en dos, cuchichean y contemplan el espectáculo igual que si estuviesen visitando el zoo.

Les confieso que Javi me ha tenido preocupada. ¿Será mi hijo normal?

Telefoneo a la madre de Moleño, una de mis Asesoras habituales. Sí. Su niño también ignora a las chicas. Moleño las mira con desdén. Ellas dan muestras de estar enamoradas, pero él continúa siendo fiel a las pelotas de fútbol.

He respirado tranquila durante siete días. Pero hoy, ante mi sorpresa, descubro que se ha producido una transformación abismal en mi Javi. Él no ha tenido la culpa, de verdad. Han sido sus glándulas, que de pronto y sin previo aviso van y le hacen una jugarreta en medio de la noche. Se lo contaré en otro momento. Ahora no tengo tiempo; he de hacer partícipe de esta noticia a su padre. Seguro que él me orienta acerca de la cara que debo poner cuando nuestro niño regrese del colegio.

Glándulas

Hasta hace sólo unos días, yo tenía un Javi pequeño; un bebé de once años cuya actividad más placentera consistía en aprovechar mi ausencia para pegar brincos sobre mi cama. Muchos hombres practican habitualmente pasatiempos de esta índole, lo sé, pero rara vez con zapatillas deportivas y en compañía de Moleño, el íntimo amigo del alma, en cuya vivienda el colchón materno cuenta, por lo visto, con propiedades menos propulsoras.

Pero ahora, de un día para otro, mi bebé va y crece sin previo aviso. Una pena. Todo empezó ayer por la tarde. Javi, Moleño y yo esperábamos al autobús bajo una marquesina que nos protegía de la lluvia. De pronto se nos une una manada de adolescentes devoradores de pipas. Nos arrinconan. Henchidos de indolencia y de acné, los invasores desparraman sus cuerpos, libros y mochilas escolares por todo el lugar, reduciendo nuestro trozo de acera a la mínima expresión. Mientras aguardan la llegada del autobús intercambian empujones, risotadas e insultos hacia el sufrido profesorado, que se desvive por hacer de ellos gente con futuro. También permutan tacos, muchos tacos que aderezan con un idioma en extremo peculiar.

—Q'psssa filili —dice uno a otro.
—Ná tron, p'l tinte.
—Ya. Q'ces hoy.
—Igual se monta algo. N'sé.
—Quién va.
—N'sé. El Polaca me va a tocar el tubo luego. N'sé; igual van las tías de Green.
—Ésas son unas margis, men.
—Ssse; pero una está popelín flipón.

En medio de tan estrafalaria conversación, aparece una chica de cabellos más lánguidos que ella misma. Su escueta camiseta permite la exhibición de un maravilloso ombligo en el centro de un maravilloso abdomen plano y más duro que un cuscurro de pan añejo. El llamado «men» abandona a su contertulio, alias «filili», y adhiere su cuerpo al de la joven, cuya edad ronda más o menos la de Nela. Ambos se apoyan contra el cristal de la marquesina, unen sus bocas e inician un intercambio de bacilos muy cerca de las pupilas inocentes de Javi y Moleño.

La expresión de los niños adquiere instantáneamente una pátina carmesí. Alternan codazos y risas contenidas. Ellos jamás han besado a una chica que no sea una de sus primas por Navidad. El espectáculo que ahora tienen ante sí azuza sus entrañas con escalofríos, y máxime cuando ven cómo la lengua de ella se introduce en la boca de «men»; y cómo éste sitúa la suya en un lugar que no le corresponde.

—¡Qué asco! —oigo que dice Javi en secreto a Moleño.

—Sí, puajjj —vomita el otro.

Por sus muecas intuyo que, de momento, ellos tienen previsto mezclar su saliva exclusivamente con la vainilla de los helados. Apuesto a que cualquier otra alternativa les parece abyecta y repugnante. Todo ello me resulta muy consolador, así que sonrío serena y confiada, haciendo lo posible por apartar de mi vista y oídos los chupetones que se prodigan nuestros vecinos de parada.

En el interior del autobús, que al fin nos transporta, veo cómo mi Javi y su amigo se embarcan en una conversación secretísima. A veces me envían rápidas miradas. Quieren asegurarse de que no les oigo. ¿Qué tramarán?

No he tardado mucho en averiguarlo.

Son las cuatro y cuarto de la madrugada. Javi se ha despertado en medio de una situación comprometida. Sus sábanas le delatan con dedo acusador. Exhiben una prueba, húmeda y pegajosa, de cuán deliciosa le ha resultado, en realidad, la escena de la parada del autobús. Las glándulas de mi niño se han dado un festín nocturno, transformando su cama en un banco de esperma.

Son las cuatro y media. El resplandor de la luna alumbra la ciudad y mi Javi siente la imperiosa necesidad de ayudarme con ciertas tareas domésticas en el fregadero. Allí le ve su padre inquieto, brillante, impecablemente vestido con el uniforme de colegio. Se afana con el gel de baño, frota que te frota, sobre las huellas delatoras de su viril eclosión. La colada se compone de sábanas, pijama, calcetines y, también, a modo de camuflaje, de una camiseta predilecta de Bad Boy.

—¡Papá! —exclama asustado y más tenso que la faja de una gorda—. Es que no tengo sueño y he pensado que, como hoy toca cambiar las sábanas...

—Ya, vamos, que quieres echar una mano con el trabajo de la casa, ¿no?

—Sí, eso, vete.

El padre de Javi vuelve a la cama y le deja colorado, sudoroso, dominado por el deseo de desvanecerse, también él, junto a las manchas reveladoras de su hombría.

El aroma de la pubertad

Mi Javi está que no se centra, en serio. A veces le da por ser alérgico al agua y no se pone a remojo ni aunque le paguen. Durante estos periodos atroces, el aroma de su incipiente pubertad arrasa cada habitación que Javi decide atravesar. Ni siquiera el perro, que en general aguanta lo que le echen, soporta estar junto a mi hijo. El pobre animal intenta pasar desapercibido, con la cabeza gacha y el rabo entre las piernas, en cuanto detecta la presencia del niño en un radio de cuarenta metros por lo menos.

En ocasiones, las esencias que desprende el cuerpo de Javi transgreden ostensiblemente las leyes del buen gusto y moderación. Mi hijo exhala perfume de acemilero, pero él no parece percatarse de tan fatal circunstancia y elude remolón cualquier visita a la bañera.

—¿Cuándo te duchaste por última vez? —pregunto reprobadora.

—Ayer —miente el muy perillán.

—Bueno, pues hoy tienes que ducharte de nuevo.

—No puedo.

—¿Cómo que no puedes? ¿Por qué no puedes?

—Muy fácil. Porque ya me duché ayer —refunfuña molesto, como teniendo que responder a una madre más desabrida que un bombón de atún.

—Javi, ¡al baño ahora mismo!

—Luego voy. Te lo juro. Ahora estoy ocupado, te lo juro —asegura sin quitar los ojos de la televisión.

—¿Pero es que no te da vergüenza oler así de mal? ¡Obedece!

—Jo. ¡Mierda! —se rebela mientras hace ademán de levantarse del sofá.

Se queda a medio camino. Cree que me ha engañado. Está convencido de que he bajado la guardia. Pero no.

—¡Javi, que te veo! —insisto con el ceño fruncido.

—¡Jopé, qué pesada eres! ¿Por qué no me dejas en paz? Siempre me estás mandando hacer cosas. Siempre me persigues y me fastidias. Nunca puedo divertirme. Nunca.

—¡Ahora! —grito severa. Implacable. Fría. Insensible a sus comentarios.

El niño se levanta a cámara lenta, fatigoso, como si tuviese el trasero de hormigón.

—Estoy hasta las narices de esta casa. Me pienso escapar. Lo pienso hacer —rezonga mientras arrastra los pies en dirección al cuarto de baño.

Sin embargo, desde que Javi ha dejado de considerar a las chicas como una molestia fatal, hay días en los que parece conocer el verdadero significado de la palabra «higiene». Cuando se acuerda de las niñas, mi hijo olvida su aversión al agua y se aplica en cuidados personales con inusitado frenesí. Observa en el espejo cada centímetro de su cuerpo, se horripila ante su incipiente acné, se muerde los labios y disfruta de la novedosa pelusa que ensombrece su bigote. En lugar de lanzarse sudoroso a la calle a jugar al fútbol, mi niño se afana en licuarse la dermis bajo el chorro hirviente que emana de la ducha. En momentos así, el vapor inunda el baño hasta ablandar la escayola que cubre el techo; y yo percibo preocupada cómo mi nene se achicharra vivo mientras habla solo y practica conversaciones con una o varias interlocutoras invisibles. Apuesto a que en su diálogo ficticio, Javi inventa a unas chicas absolutamente conmocionadas ante su inédito y reluciente aspecto:

—¿Has visto cómo viene de limpio? —imagino que pregunta una de ellas a la otra.

—Pues claro, tronca —responde su muy atractiva amiga—. Está más limpio que los chorros del oro.
—Sí, mola mogollón, tía.

Este fin de semana, concretamente, hemos tenido que sufrir una de estas sesiones de autolimpieza. Javi se ha encerrado en el baño durante un tiempo interminable; luego se ha cambiado de ropa ocho veces más o menos, regando el suelo de su cuarto con profusión de camisetas, calcetines y pantalones al ritmo belicoso de Extremoduro, un grupo de rock tan encorajinado como sus acordes, de los que mi hijo es fanático total. Finalmente emerge triunfal a través de la puerta: exhala colonia por cada poro de su cuerpo, la camiseta de Bad Boy, que ha escogido con meticulosidad, exhibe un roto estratégico a la altura de las costillas, y lleva la visera hacia atrás y el monopatín bajo el brazo.

—¿Con quién vas? —pregunto haciéndome la inocente.
—Con nadie —responde agitado.

Pero yo sé que miente. Sé que Nadie es, en realidad, el nombre de una niña. Despido a mi Javi en la puerta y le veo marchar arrebolado, acicalado, convertido en un príncipe reluciente.

Malas costumbres

Cómo educar y fracasar en el intento

Nunca sospeché que fuese tan difícil conseguir que un hijo haga lo que debe. Nunca. Ahora que lo pienso, hay tantas formas de fracasar en el intento que me sorprende haber tenido éxito alguna vez. Independientemente del método que se utilice, nuestros hijos siempre intentarán hacerlo añicos hasta lograr salirse con la suya. Yo, sin ir más lejos, he procurado conseguir buenos resultados usando palabras amables, broncas, sobornos, chantajes, dando ejemplo o, incluso, clamando al cielo; pero ninguno de estos procedimientos garantiza desenlaces satisfactorios.

—Nela, ¿son tuyos esos calcetines apestosos? —pregunto por enésima vez en un mes.

—Hmmm, no sé —se escabulle la muy bribona sin quitar los ojos de una horripilante revista para quinceañeras que hojea mientras vaguea tumbada sobre la cama.

—Quiero que los recojas ahora mismo, ¿me oyes? Si tengo que repetirlo otra vez te castigaré. ¿Has entendido?

—Sssse —responde ausente.

—¿Es que no me oyes? —chillo.

—Sssse, vale, luego lo haré.

—No, señora. Quiero esos calcetines en la pila de la ropa AHORA —rujo como un trueno.

Consigo que Nela despierte de su letargo. Me mira alucinada. Por vez primera se percata de mi enfado.

—Vale, vale. Tranqui, tranqui —musita mientras, arrastrando su apoltronado cuerpo, dirige la vista hacia los bajos de la cama donde yacen cientos de calcetines en estado de putrefacción.

Mueve los músculos a cámara lenta; se agacha, mira, extrae un calcetín, lo huele, frunce la nariz, lo deja sobre la cama, se agacha otra vez, mira... Su actitud me pone al borde de la histeria y decido dejarla sola antes de estallar del todo.

Al cabo de un rato inmenso oigo que abre su puerta. La música de su cuarto asola el resto de la casa. Desliza los pies hacia el fregadero. Regresa a su dormitorio y se encierra con llave. Yo, que estoy en el salón, me congratulo. Por fin he logrado que la niña haga lo que debe; se conoce que ya voy aprendiendo.

Pero no. Al mirar en la pila veo con espanto que Nela se ha limitado a dejar caer el montón de ropa en el cubo que normalmente utilizamos para fregar el suelo. Calcetines azules, negros y grises se ahogan en agua con medio bote de lejía. Un desastre.

Aporreo la puerta del dormitorio de Nela. Abre impetuosamente; la música a todo volumen truena en mis tímpanos. La niña presenta una sonrisa de oreja a oreja.

—¿Me llama alguien por teléfono? —se atreve a preguntar.

—¿Es que no sabes hacer nada bien? —grito mostrando un pingajo de calcetín azul inundado de churretes blancos.

—¿Yo qué sabía? Tú no me has explicado dónde tenía que dejar la ropa.

—Jamás miras lo que haces. ¡Jamás! Sólo prestas atención a lo que te viene en gana, lo demás, ¡que lo descuartice el demonio! —vocifero.

Nela está impresionada. Pocas veces me ha oído recurrir a argumentos tan macabros. Veo que Javi se ha retirado discretamente al salón. Acaricia al perro agazapado en una esquina. Ambos intentan pasar desapercibidos.

—Tú no lo entiendes —gimotea Nela—, tengo la cabeza muy ocupada con cosas más importantes. Si te interesan tanto los calcetines de la porra, ¿por qué no te encargas tú de ellos y dejas de fastidiarme? Sólo sabes gruñir. Me odias.

—Eres una niña insoportable, pero esto se va a acabar. ¿Me oyes? —bramo

En ese mismo instante se presenta la abuela. Se nos acerca taconeando, pálida, con los ojos pequeños. Ha estado llamando al timbre durante horas, pero con el disgusto, los gritos y la música ni siquiera me he dado cuenta. Javi creyó que era un vecino furibundo y desesperado por el alboroto que hay en casa. Ha tenido que ir a abrir la puerta y dar la cara en representación de la familia.

La abuela se instala en medio de la batalla audazmente aferrada a su paraguas. Ella siempre se porta como una Agustina de Aragón, impasible ante el peligro. La abuela no teme las guerras.

—Odio perder los estribos, odio regañar de esta forma —confieso temblando de furia—, pero estoy harta de que esta niña me tome por el pito del sereno.

—Y yo odio vivir en esta casa. Me amarga la vida, no puedo estar en la misma habitación que ella —interrumpe Nela a voces, señalándome.

La abuela intenta en vano calmarla con una mano, pero Nela está fuera de sí. Grita como una condenada:

—Cada vez que se acerca me manda hacer algo. Lo juro, cada vez. En cuanto la oigo venir ya me pongo tensa.

—Si no fueses tan gandula e hicieras las cosas por tu cuenta, no tendría que perseguirte.

—Calma, calma —interviene Agustina de Aragón. Pero nadie le hace caso.

—Y si tú no me dieses la paliza con tus rollos yo haría las cosas bien —gime Nela roja y más inflada que un flemón.

—¡Ah! ¡Muy bonito! De modo que tú puedes infectarnos la casa con tus calcetines fétidos, pero yo no debo pedirte que los recojas. ¿A eso te refieres? —grito iracunda.

—Pues sí. Si no fueses tan horrible y tan plasta, acabaría recogiéndolos yo sola.

Hasta aquí hemos llegado. Todo el vecindario debe estar ya al tanto de nuestro drama particular. Castigo a Nela: no saldrá el próximo fin de semana; adiós a la discoteca y a los ligues de la calle. Adiós. Me hierve la sangre y noto las venas del cuello a punto de explotar. Nela se tira sobre la cama y llora como si le estuviesen arrancando los ojos. La abuela me acompaña a la cocina.

—Bien hecho —me felicita. Me quedo pasmada. Ella se explica—: Empezaba a sospechar que ya no tenías remedio.

—Esto es lo que no tiene remedio. ¡Menuda ruina! —digo mostrando el calcetín desteñido que todavía llevo en la mano.

Me fastidia regañar, gritar y castigar a mis hijos, lo reconozco, pero a estas alturas voy notando que los adolescentes piden bronca constantemente.

—Sí —confirma la abuela, que está muy puesta en estos trances—. Si no regañas, hacen lo que les viene en gana; pero si regañas, también lo hacen.

—¡Pues estamos buenos!

—Sí.

—Presiento que me espera un futuro plagado de trifulcas y peleas.

—Tú lo has dicho, querida.

—Pero si paso el día persiguiéndoles, gruñendo, ¿no estropearé nuestra relación para siempre? Estarán deseando marcharse de casa, ¡me odiarán el resto de su vida!

—Te equivocas. Te odiarán si no les has regañado suficientemente. Lo único que jamás te perdonarán es que no te hayas tomado la molestia de educarles bien.

Miro a la abuela. La veo tiesa, plantada en medio de la cocina con su paraguas en la mano. Ella no se achanta ante la adversidad. Siempre ha mantenido el espíritu presto a luchar fieramente, incluso contra terribles enemigos adolescentes dispuestos a salirse con la suya. Un buen ejemplo, el de la abuela.

Las dos caras

Son las cinco y media. Un pitido iracundo taladra el sosiego de mi casa. Nela y Javi anuncian el fin de su jornada escolar peleándose, como de costumbre, por pulsar en primer lugar el timbre del portero automático. La contienda continúa en el trayecto hacia el ascensor. Nela llega antes. Impide el acceso a su hermano cerrando la puerta con todas sus fuerzas mientras espeta:

—Tú subes andando, esclavo.

Los gritos del esclavo se propagan por todo el edificio. Los insultos hacia Nela hacen alusión directa a mi persona, que no tengo culpa de nada. El niño llama a su hermana hija de y, en fin, me adjudica el ejercicio del oficio más antiguo de la historia. Mi buena fama, mi reputación, todo se hace añicos al compás de los alaridos de mi propio niño.

Espero inquieta en el quicio de la puerta, que mantengo abierta en señal de bienvenida al hogar. Nela emerge del ascensor contenta cual flor primaveral que ha logrado vencer el crudo invierno. Por unos breves momentos, su rostro luminoso y radiante me hace olvidar que debo mostrarme enfadada y molesta.

—¡Hola, mi niña! —exclamo jocosa.

La expresión de Nela cambia instantáneamente. Parece que acabase de chupar un limón.

—¡Ajjj! ¿Por qué siempre tienes que decir cosas tan ridículas? —suelta.

Resulta que sus quince años de vida la dotan de una suerte de superioridad mundana. Según Nela, la ternura de una madre sólo es apta para gente vulnerable, pueril, dependiente. Ella está ya por encima de tales servidumbres. Ahora tramita su viaje hacia la libertad y la independencia. Desea dejar claro que no me necesita. Se esmera en demostrar que no es un ángel risueño, cariñoso ni obediente.

En cuanto entra en casa, se siente especialmente motivada para poner en práctica lo que ella considera su nuevo estado superior. Tira al suelo la pila de libros que trae en los brazos —este año ha desterrado la cartera—, se quita el chaquetón con desdén y lo arroja sobre los libros. Luego invade la cocina y se pierde entre una selva de víveres que exhalan colesterol.

Hace la misma operación todos los días; y todos los días me veo obligada a reprenderla por ello.

—¿Es que no te da vergüenza?

—¿El qué? —responde. Ahora Nela adopta una expresión más inocente que un cubo de playa.

Elevo el tono, miro al techo, clamo.

—¿Serás capaz algún día de sorprenderme? ¿Acaso podrás darme una alegría llevando los libros y el chaquetón a tu dormitorio cuando llegas a casa?

Jamás lo hace. Ni una sola vez desde que empezó... primero de párvulos.

Reflexiono: aunque Nela requetejura que es mayor, resulta que en mi presencia insiste en repetir ciertas formas de conducta infantil. ¿Será normal?

Cuando acude por las mañanas al colegio, mi hija cuelga el chaquetón en el gancho correspondiente. Luego ordena los libros en su pupitre con diligencia. Jamás ha frustrado este acto de madura sensatez.

Delante de su propia madre, en cambio, Nela se relaja. No hace el más mínimo esfuerzo para caer bien o ser la más guay. Siempre me oye decir que mi amor por ella es incondicional, pero por lo visto lo interpreta de manera equivocada. Según Nela, mi amor absoluto significa que en mi presencia puede tirar las cosas al suelo, contestar mal, desparramarse frente al televisor y engullir Doritos como una maníaca.

Recurro a mis Asesores para saber si mi hija es normal. Su información me asombra: si mi niña sacase la basura, ordenase su cuarto y se portase en líneas generales como Santa Nela Bendita, seguramente yo estaría concentrada en mí misma, disfrutando de mis propios placeres u obligaciones. No tendría que gastar tiempo y energía en regañar, perseguir, exigir buenas notas, prohibir el tabaco o las drogas, imponer un límite horario, vigilar quiénes son sus amigos, controlar su estilo de vida, cuidar su alimentación ni su acné.

Resulta que la mala conducta de mis hijos, sus imprudencias y desplantes me obligan a estar en permanente estado de alerta, pendiente de ellos. El comportamiento infantil, digno de un bebé indefenso, constituye un verdadero sistema de vinculación, una fórmula perfecta para medir hasta qué punto estoy dispuesta a seguir a su lado en todo momento, incluso en situaciones límite.

Poso mi vista en los libros y el chaquetón que yacen en el suelo desde hace dos horas. Nela se ha encerrado en su dormitorio-discoteca y baila delante del espejo. Ha ignorado por completo los deberes y los exámenes. ¿Me doblego o no? La vislumbro acribillada a suspensos y me decido a aporrear su puerta. Por fin logra distinguir mi llamada entre el estruendo musical que asola su cuarto. Abre ceñuda, hosco el gesto, sudando, despeinada.

—¿Has hecho los deberes? —me permito dudar.

—Es que no puedo hacerlos sola. No entiendo lo que hay que hacer. Tienes que ayudarme.

Me conmuevo. Ahora lo comprendo todo. ¡Mi niña no es una fiera! Es tan sólo un indefenso bebé de catorce años.

Emocionada, intento darle un beso; pero ella se retira con una mueca de asco.

—¡No me des ningún beso! —aúlla—. ¡Odio los besos!

Mentiras

Leo el periódico y me quedo pegada a las declaraciones de un experto en educación: «La relación entre padres y adolescentes ha de basarse en la mutua confianza —informa con toda la tranquilidad del mundo. Hasta ahí, reconozco que el hombre tiene pase; pero lo que sigue me deja estupefacta—: Los jóvenes merecen gozar de la máxima credibilidad por parte de sus progenitores, ya que sobre ella se edifica su autoestima.»

Este experto será un pozo de sabiduría, no lo niego, pero ¿tendrá hijos normales?

Para su edad y sus circunstancias, Nela y Javi ostentan una autoestima bastante bien amueblada, creo; pero desde que están en la edad del pavo han incorporado a su conducta un nuevo pasatiempo. Mienten como rufianes. Por lo visto, mis hijos comparten la afición por los embustes con la mayoría de sus colegas; sus sufridos padres no cesan de contármelo. El otro día, la madre de C —un angelito de trece años— relataba horrorizada que su hijo había aparecido en casa con toda la cabeza rapada, a excepción de un ridículo flequillo en punta.

—¡Aaa! —gritó la madre espantada—. ¿Por qué te has hecho este estropicio en la cabeza? —chilló sujetando el melón brillante en el que se había convertido la cabeza de C.

—No sé. Era obligatorio.

—¿Qué?

—En el colegio hay piojos. Han dicho que era obligatorio.

—¿Quién?

—No lo sé.

—¿Dónde te has cortado el pelo? ¿Quién te lo ha hecho?

—No lo sé.

—¿¿No sabes quién te ha cortado el pelo?? ¡Qué te ocurre! ¿Acaso no llevabas la cabeza contigo?

—No lo sé. Me han obligado. Hay piojos.

¿Credibilidad? Ante semejante panorama, ¿cómo pueden nuestros hijos merecerla?

Me gustaría contarle al señor experto que, al igual que le ocurre a la madre de C, Javi y Nela fustigan mi confianza con aterradora destreza, especialmente cuando deseo saber lo que han hecho o tienen intención de hacer. Yo intento creer plenamente en ellos, en serio, pero a veces me llevo unos chascos devastadores. Hoy, por ejemplo, he sufrido dos; uno con cada hijo.

El primer episodio ha venido de la mano de Javi. Resulta que ha suspendido un par de asignaturas, pero, en lugar de traer las notas, las ha tirado a la basura y se ha quedado tan campante.

—Nos ha llamado tu tutora —comienzo a regañarle—. Estoy furiosa contigo. Has suspendido matemáticas y sociales.

—¿¿¿YOOO???

—¿Por qué no has traído las notas?

—Nadie me las ha dado.

—Estás mintiendo.

—¿¿¿YOOO???

—Mira, Javi, estoy a punto de perder la paciencia. ¿Dónde están las notas?

—No lo sé. Te lo prometo. Puede que se las hayan entregado a otros, pero no a mí. A lo mejor se han olvidado. No lo sé. Yo no las tengo.

—Tu tutora asegura que todos los niños han llevado de vuelta las notas firmadas por sus padres. Tú no lo has hecho. Te lo pregunto por última vez: ¿dónde están las notas?

—Nunca las he visto, de verdad, se han olvidado de dármelas.

—¡Eres increíble! Mientes, y mientes y mientes —chillo desesperada—. ¿Acaso crees que soy idiota?

—¡NO MIENTO! ¡Mi tutora es la que miente! Se ha

olvidado de mis notas y ahora inventa una trola porque no quiere que la echen del colegio...

Nada. Cuanto más acorralo a Javi, más embustes fabrica. Si sospecha que hay una remota posibilidad de salir airoso, Javi se agarra a una retahíla de engaños cada vez más descomunales. Mi niño se siente atacado cuando descubro un embuste, entonces persevera en su versión como si fuese la cruzada más importante de su vida.

—¿No te da vergüenza?

—¿El qué?

—¡Ser un embustero, un cobarde, un horrible mentiroso! ¿Te parece poco?

—Yo no miento —aúlla ofendidísimo—. Tú eres la que no me crees. Sólo crees a esa asquerosa profesora. Ella es la que miente. Están a punto de echarla del colegio, pero tú nunca crees lo que te digo. Me odias.

Javi siente escaso remordimiento al utilizar la mentira como arma de defensa y, para colmo, reacciona con la misma violencia cuando dice la verdad y no le creo, que cuando miente y le descubro. Un horror.

Por si no hubiéramos tenido bastante con el embuste de Javi, Nela nos ha salpimentado la jornada con otro tremendo incidente.

—¿Puedo dormir esta noche en casa de Inés? —pregunta a la hora de comer.

—¿Está su madre de acuerdo?

—Sí. También van Tama, y Amelia.

—¿Amelia? ¿Quién es Amelia? Nunca te he oído hablar de ella.

—Es una. Su madre la odia.

—¿Por qué?

—No lo sé. Oye, bueno, que sepas que me quedo a dormir en casa de Inés.

El experto del periódico debía haberme visto; dudo que en el mundo existiese una madre más crédula que yo en ese momento. De no haber sido por una casualidad, habría continuado eternamente confiada y tranquila. Pero las verdades siempre salen a relucir cuando menos se lo espera una. De pronto, me extraño porque Nela no ha mencionado a Casil, su íntima amiga del alma. Presiento que se han peleado otra vez y llamo a su madre con una excusa tonta para ver si me entero de algo.

—¡Hija! Un drama. Casil está llorando en su cuarto. No la he dejado quedarse hasta las tres de la madrugada como has hecho tú. Al final me ha dicho «vete a la mierda», ¿te lo puedes creer? Me dice «vete a la mierda» y se queda tan fresca, como si nada. La he tenido que castigar del todo. No ha ido a la fiesta.

Me quedo erguida. Fiesta, madrugada, se supone que lo sé todo, pero estoy en las Batuecas. La madre de Casilda está intensamente ofendida. Ha cogido la palabra y no la suelta. En el transcurso de su cháchara me lo aclara todo.

—Nela dijo que tú sabías que había una fiesta y que la dejabas quedarse hasta las tres de la madrugada.

—¡A una fiesta! ¿Qué fiesta?

—A la de su primo Andrés.

—¿Su primo qué?

—Ah, ¿pero no tiene Nela un primo que acaba de llegar de Argentina?

—¿QUÉÉÉ?

Llamo enloquecida a las madres de las implicadas. Un enredo monumental de embustes nos envuelve a todas. Las niñas se han pasado la pelota unas a otras, han conspirado en equipo. Sus madres están espantadas y amenazan con una batería de castigos inimaginables. Sólo la madre de Casilda se ha librado por los pelos. Nadie sabe quién demonios es el primo de Argentina. Unas veces se lo atribuyen a Nela, otras a Tama, otras a una tal Loreto, cuyo nombre oigo por primera vez. Ninguna madre podrá pegar ojo hasta que alguna de estas incautas aparezca en algún sitio. Los padres han decidido formar un comando de búsqueda y captura. Se han distribuido la ciudad por zonas y ahora deben conducir hasta encontrarlas. Esas mocosas se van a enterar de lo que les espera.

Los episodios de hoy me tienen exhausta. Estoy desolada, harta de que los niños utilicen mi confianza para golpearme con ella en la cabeza. ¿Tendrá esto remedio? ¿Qué opinarán los Asesores? Después de varias llamadas, finalmente contacto con Ana Isabel Masarrasa y Bartolomé, catedrática de instituto, una eminencia. Habitualmente transita por el barrio con sus hijas, dos maravillosas chicas adolescentes que exhiben largos cabellos negros. Cuando miran escaparates, agarran a su madre del brazo formando una cautivadora estampa. Las niñas de Ana Isabel emanan perfección y siempre aparentan comportarse correctamente. Caminan tiesas, sin arrastrar los pies; usan ropa decente y sonríen a los transeúntes. Parecen comunicativas y maduras. Nada que ver con Nela.

Confieso a Ana Isabel mi turbación infinita. ¿Qué hace ella para educar bien a sus impecables niñas? Inmediatamente, me arrepiento de haber llamado. Presiento que la mujer me ahogará con su discurso, pero no. Se muestra feliz al encontrar a un alma gemela. Las hijas de Ana Isabel son todo fachada. También chillan, acribillan a sus padres con horribles reproches y mienten incansablemente. El marido vigila a las niñas como un perro policía y no las deja hacer absolutamente nada, pero ellas maquinan estratagemas increíbles y terminan engañando a todo hijo de vecino. La madre está harta.

Ya sé que es una tontería, pero me tranquiliza saber que en todas partes cuecen habas; bueno, en todas partes excepto en la casa del experto del periódico. Allí, por lo visto, las habas gozan de la máxima credibilidad y confianza. ¿Cómo lo harán?

Críticas y reproches

Mis hijos no toleran la imperfección de su madre, yo, la sufridora.

—Mamá, ¿por qué tienes que estornudar de esa forma tan ridícula? —espeta Javi sin tener en consideración la alergia primaveral que me está matando.

Desde que son adolescentes, Nela y Javi escudriñan mi conducta y me confunden con un saco de defectos; todo lo que hago o digo les parece reprochable. Los padres de sus amigos, en cambio, gozan de un alto prestigio. El padre de Juaris trabaja en una casa discográfica y sabe perfectamente quién es Barrikada; la madre de Silvia usa ropa de colección y siempre va a la última. Lo que mis niños no ven es que la madre de Silvia es una profesional de los gritos. Detesta trasladarse por la casa, así que habla de una habitación a otra y da órdenes a través de las paredes. Chilla a sus hijos para que se duchen, hagan sus camas, no se peleen o terminen los deberes. También aúlla cuando les llama a cenar, les avisa de una llamada telefónica o da las buenas noches. Me saca de quicio. El padre de Juaris, en cambio, es otra cosa: se cree un monstruo de la erudición y ha contagiado a sus niños. A sus doce años Juaris se porta como un viejo resabiado; interviene en las conversaciones que no le conciernen, incluso un día se permitió el lujo de corregirme:

—Creo que la palabra correcta es «accesible» y no «asequible», como tú estás diciendo.

Su padre entonces saltó:

—Así se habla —estaba rematadamente orgulloso. Su niño y él son de bofetada.

Sin embargo, Nela y Javi no perciben nada de todo esto. Según ellos, los padres de sus camaradas son infinitamente mejores que los propios. Todos muestran un elevado nivel de conocimientos y de gusto en el vestir. Nada que ver conmigo.

—¡Por Dios! —exclama Nela al borde del colapso—. ¿Qué es eso?

—Un bikini. Me lo acabo de comprar.

—¡No! ¿Tú en bikini? ¡No! En mi presencia no, por favor.

—¿Qué ocurre? —inquiero sorprendida.

—Mira —dice apretando con el índice la zona de mis caderas—. Mira cómo se me hunde el dedo. Te sobra grasa por todas partes, se te desparrama la carne.

—Bueno, yo había pensado usar este bikini nada más que en la terraza de casa.

A Nela se le cae la mandíbula. Me observa igual que a un espantajo tenebroso. Apenas puede creer mis planes.

—¿Estás loca? —clama recriminadora—. ¿Qué van a pensar los vecinos? Te lo prohíbo, mamá. No puedo dejar que hagas el ridículo.

Nela se siente absolutamente libre para acribillar los tímpanos de la vecindad imponiéndoles su música, sus gritos y bailoteos; pero, en cambio, se muestra infinitamente intransigente con el comportamiento de su madre cuando intuye que éste pueda herir la sensibilidad de los circundantes.

—¡Rápido, ven enseguida! ¡Date prisa! —irrumpe en mi cuarto absolutamente horrorizada—. Ha llamado la del tercero C. Va a subir a casa. Quiere que le expliques cómo se enciende la caldera.

—Bueno, pues que suba.

—¡Por favor, mamá! Tienes que recoger inmediatamente la cocina. ¿Es que no te importa que nos considere unos cerdos?

Mi hija exige un inmaculado nivel decorativo en el territorio gobernado por su madre. En su terreno particular, en cambio, no le importa que la vestimenta yazca durante meses por los rincones en estado de abandono.

No sólo Nela me vigila con ojos de águila; también su hermano exige que mi comportamiento en público ofrezca los más exquisitos modales.

—¡No cantes! —Javi aprieta furibundo los botones que suben todos los cristales del coche, horripilado porque yo tarareo las canciones de la radio. Acato sus órdenes y cierro la boca, pero el ritmo de la música hace que mi cabeza se bambolee sola.

—¡No bailes! Para de hacer eso. Todo el mundo nos está mirando —espeta tenso. Decido distraerle un poco.

—Fíjate qué edificio tan maravilloso. Está considerado como uno de los más bonitos de España...

—¡Deja de mirar por la ventana! —gruñe.

Obediente, miro hacia delante. De pronto se disipan las nubes y aparece un sol primaveral, cegador, que me daña la vista y acentúa las patas de gallo en mi rostro. Intento buscar las gafas en el bolso. A Javi se le ponen los pelos de punta.

—¡Agarra bien el volante! Todo el mundo nos va a pitar. Conduces dando tumbos.

A medida que mis hijos transitan por la adolescencia mis defectos se multiplican. Soy hortera, pelmaza y, lo peor de todo, desvergonzada a la hora de defender mis derechos ciudadanos. Nela acaba de descubrir esta nueva condición de mi personalidad. Se ha presentado en casa con una exigencia urgentísima. Bocadillos para la excursión de mañana. Yo ignoraba que el colegio hubiese organizado una visita campestre en mitad de la semana; Nela olvida explicarme esas menudencias.

—Podrías haberte enterado tú sola. Las otras madres lo han hecho —regaña despectiva.

En ningún momento sospecha que las otras madres han sido avisadas por sus hijas con la suficiente antelación. Nela jamás cae en esos pequeños detalles. Tiene otras cosas importantes en la cabeza, como por ejemplo reprender a su madre constantemente y cavilar con quién ligará el viernes próximo.

Vamos corriendo a una pequeña tienda de ultramarinos. Llegamos ocho minutos antes del cierre, pero la joven dependienta se ha anticipado a la hora del final y ya se ha cambiado de ropa. Ríe y habla por teléfono con su novio. Gasta los últimos minutos fumándose impunemente un cigarrillo; no se ha parado a pensar que está inundando de nicotina y alquitrán un fabuloso jamón de bellota de trillón de pesetas el gramo. En cuanto nos ve aparecer, se le avinagra el gesto.

—Está cerrado —informa con cara de pocos amigos, teléfono en mano.

—En el cartel de la puerta pone que no se cierra hasta las ocho —digo tajante.

—Pues yo ya no atiendo. —Decididamente me he topado con una arpía.

—Claro. Sólo tienes tiempo de atender a tu novio y al vicio de fumar. Mañana mismo le contaré a tu jefe que necesitas urgentemente un ayudante; se nota que no das abasto.

La chica se pone verde. Nela también.

—Vámonos —susurra mi niña tirándome del brazo—. Ya no quiero ningún bocadillo. Vámonos.

En la calle sigue temblorosa. Una vez más, su imprudente madre se mete en problemas; y ella se ha visto arrastrada e injustamente mezclada en las turbias situaciones que constantemente provoco a mi antojo. Me empuja lejos de ahí; teme que la joven y furiosa dependienta salga a partirme la nariz de un puñetazo.

—¿Por qué eres tan grosera? Te pasas cantidad —gruñe reprobadora—. No vuelvo a ir contigo a ningún sitio. ¡Menuda vergüenza!

Nicotina

Estoy que no me tengo del disgusto. Ahora que los fumadores pasivos denuncian y hostigan a los activos, y que la humanidad señala al tabaco con dedo acusador, resulta que Nela y sus compinches se dedican a contribuir al enriquecimiento de Tabacalera. Son el vivo retrato de una chimenea contaminante. Cuando está en compañía de su cuadrilla, mi hija pasa el rato contrayendo cáncer mientras juega a creerse poseedora de una enorme personalidad. Me saca de quicio.

—¿Fumar? ¿Quién, YOOO? Yo no fumo. ¿Por qué eres tan desconfiada? Siempre sospechas cosas horribles de mí. NO FUMO —croa en tono de rana ofendida.

—Mira, déjame que te explique por qué el tabaco es tan dañino —intento razonar respetuosamente.

—No hace falta. Yo lo sé todo. Me lo sé de memoria —dice altiva, y se lanza a recitar un listado de horrores en tono de cacatúa cansada. Mientras habla, Nela pone los ojos en blanco y demuestra cuánto se aburre. Aún no domina el arte de ser amable con su madre—. Así que, por favor, déjame en paz. Yo no fumo —concluye contundente.

Tengo que reconocer que ha intentado disimular con todas sus fuerzas, pero no se ha percatado de que, desde que puso un pie en la adolescencia, su madre observa cada uno de sus movimientos con los ojos pequeños. Mi niña tiene a sus espaldas a una espía sin parangón, y la pobre infeliz no ha sabido ocultar con suficiente destreza las pistas delatoras.

En primer lugar, Nela ha comenzado a abusar repentinamente de las tapaderas olfatorias. De un tiempo a esta parte, emana efluvios capaces de embotar las glándulas olfativas de los transeúntes más diestros. A su lado, las habilidades de un sabueso competente quedarían relegadas a la mínima expresión. Nela se ha hecho especialmente adicta a un perfume que huele a cacao reconcentrado, cuyo penetrante aroma anula hasta la pestilencia más impúdica, incluida la de nicotina y alquitrán. Mezcla el olor a chocolate con el del esmalte de uñas, el del desodorante y el del champú de pelo; estos últimos de naturaleza intensamente dulzona. Cada vez que Nela se acerca nos da la impresión de que se nos viene encima una confitería ambulante.

En segundo lugar, mi hija se ha hecho súbitamente simpatizante del chicle. Mastica como una posesa, poniendo en peligro su aparato de dientes con este nuevo disfraz de aliento. La goma de mascar se engancha continuamente y suelta las delicadas piezas arrastrándolas tras de sí. El dichoso vicio nos obliga a visitar al ortodoncista cada dos por tres. Una lata. Entre los sabores, Nela elige los más fuertes del mercado, de esos que serían capaces de levantar a un muerto; a la niña se le saltan las lágrimas cada vez que introduce uno en su boca.

Otro detalle acusador ha sido la desaparición pertinaz de las cerillas de la cocina. Las cajas de trescientas cerillas vuelan solas. Por lo visto, Nela se ha adjudicado el papel de proveedora oficial de todo el colegio.

Pero lo que más ha levantado mis sospechas ha sido el amor repentino que Nela viene demostrando por la mochila del colegio. Mi hija se ha convertido en una pegatina eternamente adherida a su atributo escolar. En lugar de tirar la cartera en la entrada nada más regresar de clase, Nela se precipita a colocarla diligentemente en su dormitorio. Escoge lugares insólitos, como por ejemplo bajo la cama, dentro del armario o cualquier otro extraño lugar donde la mochila no constituya un obstáculo decorativo. Pero lo peor es que, cuando se mete en el baño, se la lleva consigo.

—Es que tengo mucho que estudiar. No puedo perder un segundo —se justifica la muy bribona.

Todo es muy raro.

—No puedes quedarte de brazos cruzados. Tienes que averiguar inmediatamente lo que esconde. Podrían ser drogas —sospecho que advertirán los Asesores con muchísima razón.

Como de costumbre, el teléfono ha empezado a sonar de forma imparable. Nela está en la gloria, habla que te habla, con media humanidad. Por unos instantes mágicos olvida completamente el tesoro que oculta. Discretamente me deslizo hacia su dormitorio y veo la mochila junto al escritorio. En su interior todo es inmaculadamente normal: libros, cuadernos, estuche y guarrerías varias de lo más inofensivas. Busco entonces bajo la cama, en el armario, en los cajones... Oigo cómo acaba su conversación y me dispongo a interrumpir la pesquisa. Afortunadamente, vuelve a sonar el teléfono. Miro tras la cortina; nada, sólo unos calcetines malolientes que llevan un siglo ahí tirados. Ya sólo queda el maletero. ¿Será posible que Nela se encarame hasta allí arriba todos los días? Sí, mi hija es capaz de las más inverosímiles proezas; tan capaz que, efectivamente, entre bolsas y maletas, encuentro el arma del crimen: un cartón entero de tabaco negro.

Me quedo aturdida, no sé qué hacer.

En su niñez y posterior pubertad, Nela se comportaba como una fanática militante de la vida sana. En aquella época gloriosa comía verduras y no ponía pegas a las excursiones campestres. Odiaba los lugares carentes de aire puro, detestaba las hamburguesas y miraba con ojos de absoluto reproche a todo aquel que bebiese alcohol o fumase en su presencia. Ni siquiera las visitas adultas se salvaban de su criba. Nela abanicaba el aire para disipar el humo en nuestro salón, mientras imploraba con voz de mártir:

—Mamá, ¿puedo abrir la ventana? Este olor me ahoga.

Yo estaba encantada y nunca ponía pegas a su falta de consideración con los invitados. Los Asesores se hacían cruces y me reprendían por ello. Pero, igual que mi hija entonces, yo siempre he detestado el ambiente pestilente que provoca el tabaco y me parecía estupendo que una niña inocente pusiese firmes a los viciosos. En aquellos momentos, pensé que Nela había heredado una suerte de aversión genética hacia la nicotina; pensé que eso salvaba su organismo de monóxidos de carbono, alquitranes, esencias cancerígenas y demás venenos. Vislumbraba unos bronquios limpios como los chorros del oro. Pero no. Ahora descubro que Nela consume tabaco más negro que la tinta china; se ha hecho vulnerable a los gérmenes, proclive al asma, aspirante al cáncer. Un asco.

Miro temblorosa el cartón de tabaco que mi niña ha escondido en el maletero, con mis sueños de una hija exenta de vicios deshechos para siempre. ¿Qué hago? Finalmente decido cometer un acto de pillaje y lo confisco todo. Salgo de puntillas. Ya sólo me queda esperar.

La velada transcurre tranquila y sosegada. A la hora de dormir oigo a Nela trotar por el pasillo. Entra en el salón con el rostro verde.

—¿Quién me ha robado? Alguien me ha quitado una cosa muy importante —grazna.

—¿Te refieres a esto? —pregunto mostrando el cartón de tabaco.

Nela suda. Por un instante creo que se va a echar a llorar, pero no. Se pone colorada como un cangrejo y aprieta los dientes.

—No tienes ningún derecho. Eres una cotilla y una ladrona. ¡Dios mío! No puedo creerlo. ¡Mi madre es una ladrona! —aúlla consumida por el odio.

—¡Ah! Te fastidia estar cerca de una madre que hace lo que no debe, ¿eh?

—Sí. Eres horrible.

—Entonces entenderás perfectamente por qué también a mí me fastidia que hagas lo que no debes.

—Si te refieres a lo de fumar...

—Me refiero a mentir —contesto mientras muestro el cartón de tabaco.

—Es mi vida y tengo derecho a manejarla como me parezca. Tú no me mandas.

Mi hija conoce al dedillo todo aquello a lo que se exponen sus pulmones, pero aun así no ha sido capaz de resistirse a la mística del tabaco. Me estoy preguntando qué demonios habré hecho mal, cuando la propia Nela me da la respuesta soltando al azar una frase en medio de su discurso:

—... y, además, ya sé que fumar produce cáncer a los cincuenta años, pero yo controlo, sé lo que hago; puedo parar cuando me dé la gana.

A los cincuenta años. Ahí está la clave. Cumplir cincuenta es, para Nela, entrar en el ocaso de la vejez; algo remoto, una eternidad. La edad y la distancia le otorgan permiso para intoxicarse a gusto durante su juventud; según sus cálculos, tiene treinta y cinco años por delante para dejar el vicio. Debo orientar el tema recurriendo a tragedias terribles e inmediatas.

—¿Por qué fumas? —pregunto a bocajarro.

—Porque todo el mundo fuma, porque me relaja y porque es muy sexy —comenta altiva, borracha de orgullo personal.

—¡SEXY! ¿Has dicho SEXY?

—Sí, qué pasa. Tú a lo mejor no lo entiendes, porque eres de los años sesenta; pero ahora todo el mundo fuma porque se considera sexy fumar.

—Mira, querida, a la gente que fuma le apesta el aliento, se le ponen amarillos los dientes y negras las encías, sufre ataques de tos por la noche, escupe flemas verduscas todo el tiempo, tiene los dedos quemados y la ropa llena de agujeros... Está científicamente demostrado que la saliva de los fumadores sabe a rayos, por lo que resulta nauseabundo besar a alguien que fuma; así que, ya me dirás qué hay de sexy en todo esto —ametrallo contundente. Nela se queda tiesa; he dado en el blanco, aunque por poco tiempo.

—¿Por qué tienes que ser tan patética? Te crees muy culta, pero todo el mundo fuma; mis amigos fuman, la madre de Claudia fuma, incluso la madre de Mariela fuma, y eso que está embarazada. Si no fumas eres una margi y todo el mundo te mira como si fueses una tía rara.

—Te equivocas. Los no fumadores somos mayoría, pero aun así no podemos evitar estar rodeados de gente estúpida que fuma.

—¿Cómo te atreves a insultar a mis amigos? —muge Nela como una vaca irritada—. ¡No tienes derecho! ¿Cómo te atreves?

—Perdona, querida, pero creo que no comprendes bien el significado de la palabra «estúpido». Verás, tus amigos, los fumadores, son unos completos estúpidos, porque un estúpido es aquel que causa daño a todo el que tiene alrededor, sin obtener al mismo tiempo un beneficio personal, o incluso obteniendo un perjuicio. Tus amigos fumadores fastidian a los vecinos mientras inundan de veneno sus propios cuerpos. Al fumar, cometen un acto con el que nadie sale ganando; nadie excepto los fabricantes, que se forran a costa de los estúpidos que circulan por el mundo engullendo tabaco.

Nela se queda paralizada; me mira ferozmente, llena de rabia. Tiene dificultades para asimilar tanta información; es dura de mollera con la palabrería inteligente.

—Eres una antigua —responde dolida. Cree que la saboteo. No está dispuesta a ceder—. Todo eso era en tu época, pero ahora es distinto. Yo no pienso dejar de fumar por lo que tú has dicho. Voy a dejarlo porque es muy caro. Por eso solamente, para que te enteres.

Nada la impulsa más a alejarse del vicio que pronunciar la última palabra. Es más tozuda que la embestida de un rinoceronte, pero creo que, por esta vez, la he convencido. Estoy deseando contárselo a los Asesores.

El móvil, el hámster y otras exigencias

El significado de la palabra «no»

La introducción de Javi en el mundo de la adolescencia me tiene fastidiada. Le han crecido los pies de tal forma que parece llevar dos peanas bajo los tobillos. También sus manos han aumentado de tamaño y, por desgracia para él, su nariz está adquiriendo el aspecto de una berenjena demasiado grande en el centro de un rostro demasiado pequeño. Su padre me confirma que se trata de un estado normal por el que todo chico ha de pasar alguna vez. Según él, cuanto antes mejor.

Este recién estrenado físico pone a Javi mustio. Se mira a sí mismo de reojo cada vez que pasa junto a un espejo, cristal o cualquier lugar donde poder inspeccionar con disimulo su nueva expresión. Me conmuevo. Sí, mi hijo está creciendo a trozos; pero yo no quiero que se atormente por una desproporción tan común entre los seres humanos de su misma edad. Así que, ebria de instinto maternal, me precipito a consolarle. Pellizco su barbilla, la elevo hacia mi rostro y clavo mi pupila en su pupila azul:

—No te preocupes, hijo. Pronto te crecerá el resto de la cara y serás una persona normal... como todo el mundo, quiero decir.

Me responde con flojera, las comisuras de los labios hacia abajo. Luego arrastra los pies hasta el espejo más próximo y se observa a sí mismo de frente y de perfil. Ahora su expresión emana indiferencia. Estamos salvados.

La pubertad ha provocado en mi hijo algunos cambios que van más allá de la nariz o los pies. Últimamente mi niño parece haberse hecho adicto a las discusiones interminables. Ahora sólo entiende la palabra «NO» cuando la pronuncia él. Cualquiera de mis negativas, aun la más rotunda, es interpretada como una puerta abierta para salirse con la suya. En lugar de oír «NO», mi Javi oye «Bueno... quizá sí».

—Mamá, ¿puedo tener un hámster? —me suelta el otro día.

—No, querido, no puedes.

—Porfa, porfa. ¿Qué más te da? Te juro que lo cuidaré yo solo.

—También dijiste que cuidarías al conejo y...

—Esta vez tú no tienes que ocuparte de nada, de verdad, te lo juro. Te juro que voy a cuidarlo con todas mis fuerzas.

—¿Igual que al conejo?

—No. Ahora será distinto. Ahora no voy a dejar que se muera como el conejo. De verdad. ¿Puedo tenerlo? ¿Me dejas?

—No.

—Y ¿por qué, a ver, por qué? —espeta ácido.

—Ya lo sabes, Javi.

—¡No hay derecho! ¿Por qué no puedo tener un hámster igual que Moleño?

—Moleño no tiene bichos en casa.

—Sí que los tiene. Tiene todos los animales que le da la gana. Su madre no es tan racatacaña como tú. La madre de Moleño mola. Tú en cambio no me dejas tener un hámster de nada. Eres una egoísta —aúlla colérico.

No contesto. Hago como si no hubiese oído ni una sola palabra. Intento concentrarme en mi trabajo... pero Javi me lo pone difícil.

—Tú no me mandas —muge insistente—. Pienso comprar el hámster más grande del mundo con mi paga, para que te enteres.

—Estás pidiendo una torta, Javi —advierto con la mirada prieta.

—No. Estoy pidiendo un hámster.

Javi tiene la curiosa habilidad de zarandear hasta la última brizna de mi paciencia. En momentos así dejo de ser una madre comprensiva y me convierto en un saco de bombas. A estas alturas no soy muy dueña de mí, y por eso decido que es mejor para todos zanjar de una vez la conversación. Salgo del cuarto, pongo tierra por medio... pero el niño se empeña en sabotear mi retirada. Me sigue a zancadas, se desgañita, exige respuestas:

—Mamááááá, ¿por qué no me contestas? ¡Te estoy pidiendo un hámster! ¿Te has vuelto sorda o qué?

Nela busca trabajo

Suena el teléfono. Nela abandona su dormitorio igual que si se hubiese untado tabasco en las plantas de los pies. Trota por el pasillo y se precipita contra el auricular. No importa a quién vaya dirigida la llamada. Nela siempre sabe que es para ella.

Baja el tono de voz tres octavas, por si acaso, y responde:

—Seeee.

Escucha con devoción, la sonrisa abierta, el gesto líquido de placer. Sí, un alma caritativa del vecindario pretende contratarla. ¿Podría Nela cuidar a unos niños esta noche? No aguanta tanta buena suerte y se dedica a pegar saltos y a telefonear a todas sus amigas.

Resulta que Nela lleva semanas buscando un sueldo con el que poder sufragar un nuevo pantalón. Cuando lo vio en el escaparate de la tienda se enamoró de él al instante. A partir de entonces iba todos los días a contemplarlo con Casilda, quien también ha terminado buscando financiación. Ambas han acribillado los buzones del barrio con papeles en los que proclaman su disponibilidad. Todos los vecinos ya se han enterado de que pueden contar con dos esclavas en potencia.

—¿Cómo se llama la persona que te ha llamado? —pregunto precavida.

—No lo sé. Era un padre —responde la muy incauta.

—Nela, no puedes ir a casa de unos desconocidos.

El gesto de mi hija pierde esplendor y adquiere una pátina zahareña.

—Pienso ir. Lo pienso hacer. Yo aquí no me quedo ni muerta —proclama airada.

Inmediatamente una batería de imágenes sofocantes me inunda la sesera. ¿Acaso Nela desconoce las artimañas de la trata de blancas? ¿Quizá ignora la existencia de esa ralea bribona que socava, destruye y mortifica de por vida a niñas de quince años con cuerpo de dieciocho?

Me congestiono y adopto un tono melodramático.

—¿Y cómo sabes que esa casa es un lugar seguro? —clamo.

Me mira boquiabierta, borracha de estupor, las manos flojas, la bolsa de Doritos a punto de resbalar y desparramarse por el suelo.

—¡Déjame! —espeta—. ¡Siempre estás pensando lo peor! No puedo creerlo.

Se precipita hacia el teléfono. Nela habla con media humanidad y relata los pormenores de la abyecta injusticia a la que, por lo visto, acabo de someterla. Representa estupendamente su papel de víctima; se jacta ante sus camaradas de ser más desgraciada que nadie. Al parecer, tener una madre horrible es un atributo digno de pavoneo entre la gente joven.

—Dime sólo cómo se llama esa gente, dónde vive, cuál es su número de teléfono y a qué hora piensan regresar —pido con la mayor calma posible.

—¡NO LO SÉ! —rebufa poniendo los ojos en blanco.

Creo haber hecho preguntas más que razonables; pero Nela reacciona como si tuviese que responder a una madre más necia que un berberecho. Decido cambiar de registro:

—¿A qué hora tienes que estar allí?

—No lo sé. Creo que a las nueve y media... no sé. Me has puesto tan nerviosa que se me ha olvidado.

—¿Cuánto te van a pagar?

—No lo sé —responde haciendo como que no le importa.

Pero yo acabo de vislumbrar la luz al final del túnel. Así que decido atacar. Menciono el maravilloso pantalón; aludo a cuán fácil sería conseguirlo si el trabajo de Nela estuviese correctamente remunerado. Luego me separo de ella y la dejo allí, intoxicada de inquietud. Al cabo de unos minutos oigo cómo se aproximan sus pasos.

—Mami —susurra zalamera.

—Mmmmm —respondo como ignorándola.

—¿Puedes venir conmigo? Así conoces a esa familia y miras bien dónde estoy y cómo es la casa y todo eso. A lo mejor puedes hacerte amiga de los padres.

—No me viene bien, Nela. Estoy ocupada —la mortifico.

—Porfa, porfa, acompáñame. Sólo hasta que nos abran la puerta y les veas y les preguntes su teléfono y les digas cuánto me tienen que pagar, ¿vale?

Aspirante a kamikaze

—Mamá, todo el mundo va al colegio en bicicleta. Yo también quiero. Desapúntame de la ruta —suelta Javi de pronto.

Me estremezco. No es la primera vez que el niño saca a relucir el tema. Mi hijo adora los medios de transporte individuales; siente especial satisfacción cuando los utiliza jugándose la vida. Ahora anhela cruzar la ciudad pedaleando como un ciclón. Aspira a kamikaze. Por supuesto, considero una temeridad ceder a tan veleidosa petición, pero Javi siempre persigue con desesperación el logro de la última cosa que desea, y es capaz de bombardear mi paciencia hasta dejarme exhausta, sin defensas, proclive a decir sí aunque quiera decir no.

Ir al colegio en bicicleta garantiza que Javi llegará agotado a clase, si es que antes no le han descuartizado las ruedas de un camión. Me lo imagino desangrándose en medio de la calle, mientras un aterrorizado conductor jura que no entiende de dónde salió el meteórico niño-ciclista. Un testigo anciano recogerá los libros que se habrán salido de la cartera. Alguien nos devolverá la bicicleta con las ruedas dobladas y nos describirá los pormenores del terrible accidente... No. Javi no puede ir al colegio en bicicleta. Ni hablar.

—¡Todas las madres del mundo dejan a sus hijos! —salta enfurecido.

—No todas, querido. ¿Acaso Eva permitió a su amado Abel hacer una cosa así? Y eso que era el hijo más bueno que tenía.

Javi se queda aplastado con mi comentario.

—Siempre estás inventando excusas. Tú me lo prometiste.

—¿Yo qué?

—Sí, lo dijiste —solloza. No puede soportar la traición—. Dijiste que me comprarías una bici nueva.

—Y ¿eso qué tiene que ver ahora?

—¿Ves cómo buscas excusas? ¿Lo ves?

Actualmente, Javi utiliza la antigua bicicleta de Nela porque, en realidad, es más adicto al monopatín que al pedaleo. Sin embargo, un gusanillo de envidia se le instaló en las entrañas el día que Moleño recibió por su cumpleaños una flamante *mountain bike* de mil marchas. A partir de entonces, Javi se dedicó a hacerle desprecios a la bici de su hermana. Tanto me dio la vara que, cansada y excesivamente débil para discutir, cometí el error de asentir de una manera bastante vaga. Creo recordar que dije algo así como «ya veremos». Astuto cual zorro, el niño interpretó mis palabras como un juramento. A partir de entonces no he parado de maquinar prórrogas y argumentos disuasivos. En Navidad dije que esperase al cumpleaños, y aquí le obsequié un flamante recambio de ruedas para el monopatín. Posteriormente me agarré a las malas notas, pero Javi ha hecho un esfuerzo supino y me ha traído un milagroso aprobado en Ciencias Naturales. ¿Qué puedo inventar ahora?

—No tengo dinero.

—Me lo prometiste —solloza compungido—. Eres la madre más mentirosa de toda España.

Me rompe el corazón. Yo siempre digo que odio la mentira, y ahora aquí estoy vapuleando la inocencia del niño con viles artimañas. Está bien. Jugaré la última carta.

—Tendrás que ayudarme a pagarla.

Las lágrimas desaparecen y la mirada de Javi adquiere una sombra de estupor.

—¿Cuánto?

—Por lo menos, la mitad.

—Jo —dice sudoroso, destrozado.

Javi tiene que retirarse a su cuarto para digerir su derrota al amparo de monstruosos decibelios. Nunca hubiese creído que yo fuese una madre tan tirana. Me siento fatal; soy una manipuladora que no cumple sus promesas. ¿Por qué no me habré mantenido firme desde el principio? Decido pedir consejo a mis Asesores.

—¿Cuál es el problema? —preguntan sorprendidos—. Si no consideras oportuno comprar a Javi una bicicleta, simplemente dile que no y ya está. —Ellos lo tienen clarísimo. Por nada del mundo comprenden que Javi es más tozudo que un martillo hidráulico. Este asunto no está zanjado. Vislumbro discusiones, lloriqueos, pataletas y ruegos. Barrunto dramas sin fin.

—Mamá —Javi ha resucitado. Aparece de nuevo en el quicio de mi puerta con el semblante fresco y dispuesto para la batalla.

—Qué pasa ahora —farfullo malhumorada.

—Tú me has prometido una bici y no dijiste nada de que yo tenía que poner la pasta. Lo recuerdo perfectamente.

—¿Y para qué quieres una bicicleta ahora? —pregunto por decir algo, aunque reconozco que, de todas las preguntas, he escogido la más idiota.

—Para ir a sitios.

—¡Estupendo! No imaginas lo bien que llega la gente a esos mismos sitios en transporte público.

—Pero eso no mola. Mis amigos dicen que es más guay ir en bici.

—¿Eso dicen? Pues entonces ten por seguro que esos amigos no son buenos amigos. Da la casualidad de que los autobuses son mucho más divertidos que las bicicletas. Contribuyen a tu expansión social, te ayudan a conocer gente nueva todos los días...

—Ya, pero eso era en tus tiempos antiguos. Ahora molan más las bicis. Prometiste que me ibas a regalar una.

Lo sabía. No puedo más. Necesito que alguien tome el relevo y me libere de esta ración de tortura.

De compras

El cumpleaños de Nela ha conseguido alegrar su exigua hucha con un buen fajo de billetes. Mi hija se ocupó de llamar diligentemente a toda la parentela para señalar que agradecería un regalo con forma de dinero; por esta vez nada de discos, ropa o abalorios. Sueña desde hace tiempo con un teléfono móvil que ahora, por fin, está en posición de adquirir.

—Acompáñame —me implora con voz divina—. Tienes que ayudarme a elegir el color.

A sus quince años recién cumplidos, Nela consigue programar el vídeo con pasmosa destreza, logra colarse en tantas discotecas como puede, trota por Internet como una acróbata habilidosa, pero en cambio no sabe qué color de teléfono prefiere.

Recojo a mi hija en la salida del colegio y ambas nos dirigimos a seleccionar el móvil más idóneo entre las muchas posibilidades que existen en el mercado.

Los informes de las amigas más listas de Nela han sido decisivos: para comprar al mejor precio es imprescindible viajar treinta kilómetros hasta un inmenso hangar plagado de gangas. Al parecer, todas ellas tienen minúsculos defectos que casi no se notan. Un chollo.

Mi niña se monta en el coche contenta, los billetes abultando su bolsillo, la mirada brillante de emoción. Por unos momentos preveo una jornada perfecta y me dispongo a entablar conversación.

—¿Está permitido llevar un teléfono al colegio? —creo haber hecho una pregunta más que razonable, pero Nela no está de acuerdo.

—Calla —espeta con el ceño fruncido—. ¿Por qué siempre tienes que hacerme esto? No quiero que me hables del colegio.

Cambio el tema.

—¿Estás segura de que venden teléfonos en el sitio al que vamos?

—Sí, venden de todo —responde contundente y me recita una lista interminable de artículos que podemos adquirir a precio de risa—. Mamá, tú podrías aprovechar y comprarte unas maletas nuevas.

—No las necesito, querida.

—Pues entonces cómprate una alfombra. Tama dice que las casas sin alfombras son horteras. Mamá, ¡somos horteras! Necesitamos una alfombra.

Nela exhala energía. Se mueve incesantemente y mi conversación no logra calmarla. Intento poner un poco de música, elijo un dial que suele tener buen gusto para las canciones.

—¡Ajjj! ¡Qué asco!

Apenas puede soportar las melodías tranquilas. Dirige un dedo hacia la radio y ametralla los botones hasta localizar un estruendo que reconforte su espíritu. Elige algo denominado *funk,* un torbellino machacón capaz de espantar a un muerto. Apoya la cabeza contra el cristal y, arrullada con esa horrible cacofonía, se queda dormida. Busco entonces un programa radiofónico más acorde con mi estilo, pero Nela abre los ojos y exige otra vez su nana particular.

Por fin llegamos a nuestro destino. Por un momento creo encontrarme en la antesala del infierno. Veo a miles de personas que pululan, tocan, empujan, gritan, pierden hijos pequeños y arrastran inmensos cargamentos hacia sus vehículos. ¿De dónde habrán salido? Una música atronadora azota los tímpanos de la gente. Nela revolotea de un perchero a otro, está arrebatada; se encuentra en el mejor de los paraísos. Ya no le interesa el teléfono; sus ideas son menos firmes que un polvorón. Ahora carga una pila de ropa; las perchas a medio caer; varias camisas se le escurren, una de ellas arrastra una manga y, de paso, limpia el pavimento. Nela trabaja arduamente para sujetar todo aquello.

—¡Mamá! ¿Qué haces ahí parada? Ayúdame —solicita desesperada.

Recojo varias minifaldas y un par de jerséis que se han terminado cayendo al suelo. La sigo hacia los vestuarios; en el trayecto, Nela se pasma ante tres tubos angostos, de tejido ultraelástico, que una chica devuelve tras haberlos desechado para sí misma. Me traslada su parte de cargamento y se adueña de estos tres nuevos caprichos a toda velocidad. Según los sitúe arriba o abajo estas prendas sirven de top o de falda indistintamente. Un hallazgo. Nela los toca, los huele e inmediatamente los ama.

—Esto mola. Me lo llevo también —dice entusiasta. Yo levanto una ceja y tuerzo el gesto. A medida que avanzamos, las preferencias de mi hija son cada vez más extravagantes.

Hacemos una cola interminable para acceder a un probador. Cuando finalmente llegamos, una empleada con pestañas postizas nos informa que sólo está permitida la entrada de cinco piezas. Nela se estremece ante el problema; no sabe decidir qué le gusta más de todo lo que llevamos. La empleada tamborilea en el mostrador con sus uñas pintadas de azul; las personas que hacen cola detrás nuestro murmuran y nos apremian. Finalmente entramos con cinco prendas cada una, nos introducimos en un probador y tiramos el cargamento al suelo; no hay colgadores.

—Mamá, espérame fuera —ruega. De pronto se ha vuelto extraordinariamente pudorosa. No soporta que la vea desnudarse y mirarse al espejo. Oigo cómo cierra el pestillo.

Sudo. Los bolsos me pesan y tengo unas ganas terribles de tumbarme en cualquier sitio. Nela parece haberse muerto ahí dentro. En el pasillo observo a otras madres, sufridoras como yo, que también soportan pacientemente la tiranía de sus hijas. Una de ellas estalla, vocifera y amenaza con largarse mientras aporrea la puerta del vestuario donde su nena se ha encerrado. Inmediatamente me identifico con esa pobre mujer y la imito, aunque de forma más suave.

—Espera. No me presiones —responde mi Nela. Al cabo de mil horas abre la puerta—. ¿Te gusta? —me pregunta en tono festivo.

—Más o menos —digo sin mucho convencimiento. Estoy deseando salir.

—¿Por qué no te gusta? A mí me encanta —informa mirándose por delante y por detrás.

—Pues si tanto te chifla, no se hable más. Vámonos.

—No. Tengo que probarme todo lo demás. A lo mejor encuentro algo que me haga más delgada todavía.

Nela ha tardado tres cuartos de hora en ponerse la primera pieza de ropa. A este ritmo podría haber una hecatombe mundial y nosotras seguiríamos aquí dentro. Menos mal que cumple los años sólo una vez cada doce meses.

Navidad, dulce Navidad

Espíritu navideño

Este año Nela tiene ideas propias acerca de la Navidad. Se ha adjudicado a sí misma el papel de decoradora oficial en tan insigne evento. Devora revistas y estudia absorta cómo la gente de postín acicala sus hogares. Las fotos con las que Nela se instruye muestran ambientes pródigos en lujo y originalidad. En ellas abunda la plata maciza, la seda, el acanto y el muérdago naturales, las alfombras caras. Todo resplandece al abrigo de majestuosas chimeneas en las que crepita un fuego de verdad. Nela se afana en saborear una fantasía que a mí me parece veleidosa e infecunda. Nosotros no tenemos chimenea.

Sin embargo, como soñar es gratis, procuro obviar cualquier comentario que haga añicos su ilusión. Mientras ésta dure, tendremos a una Nela sonriente y ocupada, lo cual nos pinta un escenario de extraordinaria rareza que no conviene estropear. Pero algo parece estar fallando hoy, a tan sólo unos días de Nochebuena.

—Jo, qué guarrada —clama mientras se asoma a la ventana.

Observa el sol invernal que ilumina el cielo y resopla mustia. Según ella, sólo la nieve hace conjunto con el abeto engalanado hasta reventar que pretende imponernos en medio del salón. También, por supuesto, se ha pedido empaquetar los regalos con papeles de oro y cintas de terciopelo verde, para lo cual le parece absolutamente imprescindible que los regalos sean enormes y abundantes.

—Mamá, tienes que comprar cajas, muchas cajas grandes de distintas formas —ordena.

—¿Cajas?

—Sí. Los paquetes sin caja no molan; quedan horteras.

Ahora me doy cuenta de que debía haber reaccionado antes. La tarea de una progenitora responsable consiste en parar los pies a sus hijas cuando comienzan a extralimitarse. Resulta engorroso, lo sé, pero no hay más remedio. A estas alturas, la ambición navideña de Nela se parece al agua salada. Cuanto más la bebe, más sed tiene.

—La Navidad es una fiesta religiosa que no guarda relación alguna con el consumo artificial —declaro con calma.

—Ya lo sé —responde envarada—, por eso necesito que compres un pino natural. Los de mentira son una cutrez horrible y, además, huelen fatal. La madre de Casil ha comprado uno y se nota mogollón que es de medio plástico...

Reflexiono: creo que hemos conseguido estropear el verdadero espíritu de la Navidad importando maneras, adornos y símbolos que conducen al estipendio, al lujo descomunal, a la opulencia sin sentido. Nos arrastramos servilmente hacia el mundo del hielo, los renos con cascabeles y los trineos atestados de regalos. Nos dejamos seducir por un fulgor contrario al paisaje paupérrimo que eligió el Señor para nacer.

Mi marido y yo convocamos a los niños con carácter urgente. Intentamos explicar que la Navidad es un periodo para ejercitarse en la virtud de «destener». Les incitamos a olvidar los abetos, la decoración copiosa, la vorágine de compras sin ton ni son. En realidad, estamos celebrando el cumpleaños del nacido más pobre entre los pobres y, por tanto, deberíamos emular un poco su estilo.

Hablo a mis niños con entusiasmo y convicción. Ellos me miran con la expresión de un burro tísico. La bici con amortiguadores de no sé cuántas marchas, el ordenador con Pentium II, la Play Station, la ropa de moda, una moto que Nela ha incluido en su lista por si cae la breva... todo se esfuma al son de mi discurso.

Javi protesta. La madre de Moleño no dice esas cosas tan raras, y Moleño tendrá todo lo que ha pedido y muchas cosas más que son una sorpresa. Nela, en cambio, está dispuesta a renunciar a sus propios regalos, pero quiere gestionar los de los demás.

—Necesito que me des pasta. He visto una cosa guay para ti —suelta de pronto, dejando constancia de que ha entendido mi lección sólo a medias.

—¿Sabes cuál es el regalo que más me gustaría?—pregunto—: ¡que seas una chica estupenda y que saques muy buenas notas!

Adopta un gesto agrio, prietos los labios y punzante la mirada.

—Lo haces a propósito para fastidiarme —bufa—. No puedo creerlo. ¡DIOS MÍO! Yo sólo intentaba hacerlo bien con todas mis fuerzas, pero a ti sólo te interesa que yo no empaquete ningún regalo de Navidad, ¿verdad? Eso es lo único que quieres, ¡fastidiarme!

Javi y su mensaje navideño

La pubertad ha provocado en Javi cambios que me hieren. Ya no tengo un niño que se deja achuchar ni aconsejar. He perdido al que, hasta ahora, me parecía un oso de peluche comestible. Creo que las chicas tienen la culpa. Moleño le ha dicho en secreto que una desconocida de su clase está por él, lo cual le tiene turbado sobremanera. Mi Javi se ha puesto tenso con todas las mujeres en general, y eso me incluye a mí, que soy su propia madre.

Hasta ahora, aunque mi niño conocía de sobra que yo pertenezco al sexo femenino, sin embargo no me veía formando parte de ese grupo de memas contrincantes llamadas «niñas». De hecho, me admiraba y hasta me consideraba más guapa, lista y elegante que ninguna otra progenitora, incluida la de Moleño, que para Javi ha sido siempre mucha madre. Mi niño se adjudicaba a sí mismo el papel de ayudante de su padre en la tarea de protegerme. En sus sueños infantiles fulminaba a cualquiera que se atreviese a molestarme, pero, al mismo tiempo, trataba bruscamente al genero femenino menudo, es decir, a las niñas. Mi chico las consideraba inmensamente estúpidas y más asquerosas que un bocadillo de pelos.

Pero la situación actual es bien distinta. Desde que el niño tiene una admiradora secreta anda como turulato, por un lado, pero muy atento a cualquier melena larga que pase a un kilómetro de distancia. Se ruboriza con frecuencia, habla con sus amigos de tías buenas e incluso intercambian noticias acerca de una tal PocaPiliMuchaTeta que no tengo ni idea de quién es

De pronto Javi ya no desea aporrear a las chicas. Todo su interés se centra en cómo se les roba el corazón. Las que fueron objeto de burla se han transformado en objeto de anhelo e ilusión. Hasta hace poco, Javi sentía un gran regocijo llamando mediometro a Vane Sánchez. Ahora, en cambio, la encuentra fascinante y estupenda. Estaría dispuesto a segar los cardos del camino para evitar que esa chica se estropeara la delicada piel durante el paseo.

La metamorfosis de mi niño le induce a comportamientos exóticos. Por ejemplo, le ha dado por cepillarse el pelo con tal vigor, que falta poco para que exponga al aire el lugar donde se ocultan los sesos. Se afana en conseguir la perfección: cada hebra de cabello ha de permanecer exactamente donde mi Javi decide, pero sin que se note. La clave del éxito consiste en peinarse de forma que parezca que no se ha peinado.

Otra de las novedades en su conducta se ha podido detectar con motivo de la Navidad. Lleva varios días maquinando la manera de ofrecer un presente navideño a Vane Sánchez. Pide consejo a su padre, por si acaso él pasó en su juventud por trances parecidos; pero el progenitor de Javi aporta escasas soluciones. Las ofrendas de amor son, según él, asuntos muy personales e íntimos. Mi Javi se halla sumido en una gran desazón, porque ignora si ella es o no su admiradora secreta. El regalo, por tanto, ha de ser lo suficientemente apropiado para que, en caso negativo, Vane no se lo tire a la cara, lo arrastre por el barro o piense que algo anda mal en el cerebro de mi hijo

Tras muchas divagaciones y dudas, finalmente decide enviar a su adorada un obsequio en forma de mensaje. Arranca una hoja de su cuaderno de matemáticas y utiliza profusión de colores para escribir algo que está a medio camino entre una poesía navideña, un mandato y una declaración de amor:

Para Vane:

No se si es culpa de la navidad,
o de que nazistes en Abril,
Pero me parezes tan guay
de frente como de perfil

Firmado: Javier P.

P.D. Si eres tu la que me ha dicho Moleño que está por mi, quiero que me contestes por telefono hoy. Si no eres tu, pero sabes quien es, tambien quiero que me llames por telefono y me lo digas.

Durante toda la tarde suena nuestro teléfono sin tregua pero, en cuanto descolgamos el auricular, la otra persona corta inmediatamente la llamada. Javi se agita y devora sus uñas. El pobre está descarnado e intoxicado por la duda.

Fin de la Navidad. ¡Uf!

Estoy sumergida en lo que yo creía que sería un baño de espuma relajante, cuando de pronto se me ocurre reflexionar sobre la Navidad que acabamos de pasar. Me estremezco y enfurezco, ahora les cuento por qué; y el estrés se me mantiene aferrado al corazón, ajeno al vapor caliente que empaña el espejo.

Yo albergaba la ilusión, infeliz de mí, de que este año no tendría que sufrir tensiones ni chascos durante las festividades. Pero, desolada, compruebo que los espíritus se han puesto de acuerdo para socavar mi propósito de reposo anímico y espiritual.

La noche de Reyes, por ejemplo, se convirtió en un maratón de crispación y desatinos. Los niños y la abuela se las arreglaron para enzarzarse en un enredo absurdo que arruinó el esplendor de la jornada. El intercambio de regalos, el roscón y el ambiente jocoso se fastidiaron al compás de la discordia.

La cosa empezó a torcerse en cuanto la abuela nos abrió la puerta de su casa. Allí estaba ella, jovial la mirada y animoso el semblante, cuando de pronto posa las pupilas en su nieta Nela.

—¿Te gusta? —preguntó la niña pletórica de ilusión.

Resulta que mi hija había puesto mucha diligencia y esmero en su atuendo personal. En honor a tan insigne celebración, Nela había pringado de esencia navideña su propia melena. Cascadas de mechones rojos y verdes, con un salpicón de purpurina dorada, ornaban su cabellera. Dos horas de arduo trabajo frente al espejo, la paga de la semana dilapidada en tintes y maquillamechas, varias toallas echadas a perder... pero esto es lo de menos. Ahora podíamos contemplar a una Nela orgullosa, rutilante, coronada con un apoteósico festín de brillo y colorido en el pelo.
La abuela curvó el labio superior, los párpados a media asta, los agujeros de la nariz como si oliese mal.

—Qué quieres que te diga, nena; tienes pinta de golosina confitada —comentó la Reina del Tacto, sardónico el ademán.

El rostro de Nela se petrificó de la impresión. Una tropa de parientes acudió a presenciar el espectáculo. Aunaron sus voces para emitir dictámenes y mofas. El padre de Nela defendió a su hija con argumentos irrevocables: el color de pelo, dijo, es inofensivo; no causa daños personales, no afecta a la integridad física ni a la sensibilidad de terceros. Los parientes recogieron velas, pero ya era tarde. Nela se había desmoronado; su noche de Reyes había quedado devastada por el comentario de la abuela. Corrió al baño para sollozar a gusto. Mientras huía, mi niña nos aliñó el ambiente con un lenguaje chocarrero. La abuela quedó hondamente estremecida, y su noche de Reyes ultrajada por las palabrotas de la nieta.

—Vosotros tenéis la culpa —aulló señalándonos a mí y al padre de Nela con ceño acusador.

—Sí —intervino Javi, surgiendo como una tromba inoportuna del anonimato—. Mira lo que me han obligado a ponerme. Yo tengo que llevar esta mierderasquerosa corbata. En cambio la gilipichi de Nela puede ir como le da la gana. Sólo la miman a ella. ¡La odio!

—Niño, ¡basta! ¡A que te llevas un soplamocos! —amenazó la abuela, magullado el talante y sin haber entendido del todo si el odio de Javi estaba destinado a Nela, a sus padres o a la corbata.

A Javi se le puso cara de vinagre; su noche de Reyes se arruinó por culpa de las circunstancias. Se introdujo en el salón malhumorado, propinando patadas al aire mientras murmuraba por lo bajinis:

—Moleño me había invitado al cine, y yo aquí haciendo el idiota.

—Quizá ésta sea la última Navidad de mi vida —gemía entretanto la abuela—. ¡Qué desastre! ¡Una buena torta a tiempo! ¡Eso es lo que les hubiese hecho falta a estos niños!...

—Sí, eso —arremetieron los parientes convertidos en perfectos compinches.

Reflexioné: ¿seré yo responsable de este desaguisado o es que quizás la gente se vuelve medio salvaje en Navidad?

Nela lloraba estrepitosamente en el baño. Javi refunfuñaba agrio en el salón. La abuela sufría en la entrada. El roscón de Reyes se quemaba en el horno. Los parientes se hacían cruces. El espíritu festivo se vio contaminado por un virus indómito que, en un santiamén, había envenenado la bilis y el humor de todos.

Siempre he creído que la gente vive la jornada de Reyes con sumo regocijo y disfrute. Pero ahora, mientras estoy sumergida en el baño de espuma, modifico mi opinión. Ésta es una fecha en la que, quien no tiene familia, piensa que se está perdiendo algo bueno; y nosotros, que sí la tenemos, olvidamos las treguas y nos chinchamos los unos a los otros igual que hacemos durante el resto del año. ¡Uf!

Epílogo

Como madre, hago lo que puedo. Posiblemente no sea la mejor progenitora del mundo; quizá Nela y Javi serían más perfectos si hubiesen nacido en casa de la vecina, ¿quién sabe? El único hecho cierto es que han crecido entre mis brazos y que, igual que la mayoría de los padres, intento luchar por su bien con todas mis fuerzas, aunque puede que me equivoque de vez en cuando. Naturalmente, cuando sean adultos me echarán en cara todos y cada uno de mis errores, pero espero que lo hagan sin rencor, sonriendo, y sabiendo que procuré respetar siempre su individualidad, su independencia de criterio y su crecimiento personal. Por nada en el mundo quisiera tener en el futuro, con Javi o Nela, la conversación que presencié el otro día entre mi mejor amiga y su madre:

—Ya sabes que he sido una panoli toda mi vida —dijo mi amiga.

—Sí, querida. No imaginas lo que me entristece oírlo.

—He fracasado en mi matrimonio, no tengo trabajo y, según todo el mundo, educo fatal a mis hijos.

—Hija, creo que has tenido mala suerte, pero rezo para que las cosas cambien.

—Ya sabes que estoy yendo al psiquiatra.

—Sí, me lo has dicho; y no sabes cuánto me alegro de que por fin estés pidiendo ayuda.

—Pues bien, el doctor X me ha dicho que tú eres el origen de mis desgracias.

—¿Cómo dices?

—Contigo todo tenía que ser perfecto. No querías una hija, querías una marioneta bien vestida. Volcaste en mí todas tus angustias y frustraciones; me convertiste en una persona infantil, dependiente y vulnerable. He fracasado en la vida por tu culpa.

—¡Hija mía! Hice siempre lo que creí que era mejor para ti.

—No, mamá. Hiciste lo que creías que era mejor para *ti*. No podías soportar que tuviese ideas propias. Constantemente me hacías ver que tenías razón, y que yo me equivocaba; me obligaste a no creer en mí misma. Tenías miedo de quedarte sola; me utilizaste igual que si yo fuese tu perrito faldero.

Este diálogo tan triste me hace reflexionar una vez más sobre la verdadera naturaleza de educar a unos hijos. Tenemos que guiar sus pasos, marcar los precipicios y señalar los peligros; pero no podemos llevarles en brazos ni tampoco debemos exigir que pisen sólo nuestra sombra. Esto fomenta su parálisis, les impide aprender a caminar.

Desde que nacen, los niños transitan hacia su independencia, luchan por su madurez, se entrenan en distinguir lo que quieren de lo que les conviene, y afianzan sus relaciones sociales y sexuales. La adolescencia permite a Nela y Javi aprender a sortear los obstáculos de la vida por cuenta propia, sin que yo les diga cómo tienen que saltar o correr para lograrlo. A medida que crecen, los hijos ensayan formas de separación; en el futuro, tienen que estar preparados para marcharse de casa. Es ley de vida; así debe ser. Al principio lo hacen con bastante miedo:

—Mamá.

—Nela, ¿qué pasa?

—Estarás en la puerta del colegio cuando yo salga, ¿verdad?

—¡Claro! Ya sabes que siempre voy a buscarte; siempre te espero.

—¿Y si tienes un accidente?

—Mira, Nela, ya hemos hablado otras veces de esto. Si notas que me retraso un poco, vuelve a meterte en el colegio y espérame dentro. Yo llegaré enseguida.

—¿Y qué pasa si la puerta está cerrada con llave?

—También te he dicho mil veces que nunca cierran el colegio tan rápido como tú crees. Los profesores se quedan a recoger las clases, los limpiadores limpian los pasillos y las secretarias escriben cartas. Siempre se queda alguien hasta muy tarde.

—Sí, pero, ¿y si cierran la puerta sin darse cuenta?

—Nela, eso no pasará nunca. Te lo aseguro.

—Tú no lo sabes. No sabes si vas a tener un accidente y si van a cerrar la puerta sin darse cuenta. A lo mejor pasa. ¿Qué hago yo entonces?

Ahora la situación ha cambiado radicalmente. Las pocas veces que Nela me permite ir a buscarla a cualquier sitio, me prohíbe terminantemente salir del coche. Debo esperarla o dejarla dos calles más arriba, fuera del alcance de las pupilas de sus congéneres. A Javi le ocurre algo parecido.

—Vete —me dice cuando hay moros en la costa—. No te pongas a mi lado. No me toques. No quiero que vean que voy contigo.

Ahora estamos en verano, pero lo último que desea Nela es pasar unas tranquilas vacaciones junto a su madre. La felicidad está para mi niña cerca de sus camaradas. Se ha hecho fanática de lugares exóticos en los que haya profusión de colegas, discotecas, playas, ruido incesante y chicos, muchos chicos. De su madre no quiere ni oír hablar.

Esta repentina aversión me resulta dolorosa. Los Asesores aseguran que se trata de una conducta normal en periodo adolescente; no se debe a una falta de amor, sino a un deseo de crecimiento individual. Para lograrlo, los jóvenes necesitan alejarse de sus progenitores.

La juventud brinda a nuestros hijos una ocasión de oro para ejercitarse en el control de sus propias vidas. Sólo queda esperar; porque este ciclón llamado «edad del pavo» tiene un final, generalmente feliz. Su ocaso coincide con el logro de una orientación personal, profesional y sexual exenta de dudas o quiebros. Ese día, de pronto, nuestros hijos se vuelven civilizados. Trabajan sentándose como es debido en sus escritorios; luchan por sacar sobresalientes o por ganarse la vida con una buena profesión; dejan de mostrarse groseros u ofensivos; desean colaborar en las tareas de la casa; conversan con nosotros amigablemente; nos sonríen; regresan.

Las hijas de la vecina del primero A están ya en esta etapa. Eran chicas temibles, dos auténticos torbellinos que ponían constantemente en peligro la buena fama de su mamá. Ahora, en cambio, se han vuelto maduras y responsables: pelan las patatas, recogen la cocina y sacan la basura sin chistar. Ganan dinero y sufragan sus propios gastos: la vestimenta y el esparcimiento del fin de semana corren de su cuenta... aunque el estipendio general de la casa continúa vaciando los bolsillos de su madre, con quien todavía viven. Las hijas de la vecina se han comprado dos perros del tamaño de un caballo, que también viven en el primero A, y procuran ocuparse personalmente de ellos, pero mil imprevistos dificultan sus buenas intenciones:

—Mamá, nos vamos a Ibiza. ¿Puedes cuidar a Brutus y a Atila mientras estamos fuera?

—Y ¿cuánto tiempo es eso? —inquiere tímidamente mi pobre vecina.

—Todo el mes de agosto, más o menos.

—¿Y qué pasa si vuestro padre y yo decidimos irnos de vacaciones?

—Mamá, no te hagas la graciosa. Vosotros nunca vais a ningún sitio. Sois demasiado viejos para hacer una cosa así.